Klaus Groth

Über Mundarten und mundartige Dichtung

Klaus Groth

Über Mundarten und mundartige Dichtung

ISBN/EAN: 9783743300101

Hergestellt in Europa, USA, Kanada, Australien, Japan

Cover: Foto ©Thomas Meinert / pixelio.de

Manufactured and distributed by brebook publishing software (www.brebook.com)

Klaus Groth

Über Mundarten und mundartige Dichtung

Ueber

Mundarten und mundartige Dichtung.

Ueber

Mundarten

und

mundartige Dichtung

von

Klaus Groth

Berlin
Verlag von Georg Stilke
1873.

Der Maatschappy

für niederländische Litteraturkunde

zu Leiden

von ihrem Mitgliede,

dem Verfasser.

Die nachfolgenden Aufsätze sind, mit geringen Veränderungen und Auslassungen, ein wörtlicher Abdruck aus der „Gegenwart" von Paul Lindau. Auch die Abtheilungen mit ihren Ueberschriften sind beibehalten worden. Diese sind etwas eilig und vielleicht wenig geschickt gemacht; der Zweck einer Wochenschrift, die wie bekannt in lebhafter Aufmerksamkeit den Bewegungen der Gegenwart folgt, verlangte dergleichen. Der verehrliche Leser mag über sie wegsehen und sich denken, daß die Abhandlung so ziemlich in Einem Zuge geschrieben ist, oder sie als Ruhepunkte betrachten.

Sollten diese Aufsätze Freunde gefunden haben und finden, so verdanken sie den Anstoß zum Entstehen in dieser Form dem geistvollen Redacteur der „Gegenwart", und daß sie in Buchform erscheinen deren thätigem Verleger.

Kiel, Juni 1873.

K. G.

Die Mundart als Kunstmittel und die deutsche Schriftsprache.

Seit zwanzig Jahren wird über deutsche Mundarten, ihren Werth, ihre Stellung zur Schriftsprache, ihre Berechtigung zu Schrift und Druck, zu Vers und Prosa lebhaft hin- und hergesprochen. Am meisten im Kreise von Laien, d. h. von solchen, die weder Schriftsteller noch Sprachforscher sind oder sein wollen, in Kreisen, denen diese Fragen vor der Zeit von zwanzig Jahren auch nicht einmal in die Gedankensphäre gekommen sind. Man hört seitdem die widersprechendsten Meinungen. Es giebt Leute, welche es für eine „Frechheit" erklären, Bücher zu schreiben in der Sprache der Gasse und der Schänkstuben, und es gibt deren, denen sogleich die Thränen der Rührung in die Augen steigen, wenn sie in wohlgesetzter Rede die Töne vernehmen, die ihnen wie die Jugend theuer und wie sie entschwunden sind.

Zwischen diesen extremen Meinungen, wonach die Einen glauben, es hieße die Roheit gedruckt liefern und den Kampf gegen Schiller, Goethe und die Civilisation beginnen, die Andern: es hieße die gute alte Zeit mit ihrer Sprache retten, — zwischen diesen äußersten Enden liegen alle möglichen Zwischenstufen mit ihren Schattirungen, die aber alle nur Meinungen und Ansichten bleiben, Gefühlsäußerungen, denn Einsicht liegt ihnen nicht zu Grunde.

Wie sollt es auch? Die Sache ist viel schwieriger, als sie den Anschein hat. Wer weiß denn, was Mundart ist und bedeutet? Aus dem Worte selbst kann Niemand die Kenntniß gewinnen. Vielleicht denkt er es sich nach Analogie von „Abart" gebildet und trägt in das Wort seine Gefühle hinein, die in der Sache gar nicht liegen. Man gebe ihm nur einen andern Ausdruck, z. B. den besseren

„Stammsprache", Sprache eines besonderen Stammes germanischer Völker, dafür, so ändert sich vielleicht schon seine Meinung. — Er spricht über hoch und platt und weiß nicht, daß diese Ausdrücke nichts mit hoch und niedrig zu thun haben, daß man richtiger ober- und niederdeutsch sagt und dadurch sogleich die Sache in ein anderes Licht rückt. Er spricht getrost über Orthographie, behauptet vielleicht, die Mundarten hätten gar keine Orthographie und glaubt damit etwas Kluges gesagt zu haben, da er doch gar nicht weiß, daß das Hochdeutsche auch noch keine hat, sondern erst eine sucht. Geschrieben ist über diese Fragen glücklicherweise nicht so viel wie gesprochen. Doch aber auch hinreichend und nicht viel besser. Denn es ist zum Lachen oder zum Weinen für Jemand, der sein Leben daran gesetzt hat, zu lesen, wie man ihm sagt: was er in seiner Mundart zu schreiben habe und wie, und genau angegeben, was bei Leibe nicht und wie gar nicht! Als wenn er das nicht wüßte! Als wenn man dem Maler sagen müßte: Man ja die Bäume grün gemacht, nicht roth und den Himmel blau, nicht grün. Man ja keine Venus aus Ebenholz geschnitzt, denn Ebenholz ist schwarz und die Venus ist weiß! Größere Weisheit habe ich in all dem Geschreibe nicht gefunden. Es beruht Alles ebenso auf denselben Vorurtheilen der anderen Laien, die genau wissen, daß die Mundart die gemeine Bauernsprache ist und plattdeutsch der Gegensatz von hochdeutsch. Ja, wenn's nur wahr wäre! Aber der Einzige Burns schlägt sie Alle. Denn er hat in der Mundart gesungen alles Höchste und Tiefste, was ein Menschenherz bewegte, und Keiner noch hat ihn dafür in seine Schranken gewiesen. Denn die kannte er besser als unsere Zuchtmeister.

Die süddeutschen Mundarten hatten längere Zeit geschwiegen, seitdem der Norden seit lange überwiegend productiv gewesen, bis in neuerer Zeit Dichtungen in heidelberger, elsässer und allemannischer Mundart (unter ersteren der Heedelberger Dragunerwachtmeester von Heinz Devils, unter letzteren die Uebersetzung Robert Burns' in's Allemannische von Corrodi) unsere Aufmerksamkeit wieder nach dem Süden lenkten. Und eben dies erneute Interesse ist die Veranlassung zu nachfolgenden Betrachtungen, die keineswegs die Sache erschöpfen, aber dem gebildeten Leserkreise, wie ich hoffe, allerlei neue

Seiten der Betrachtung eines Gegenstandes eröffnen sollen, der Jedem nahe genug liegt und wichtig genug ist, daß man nicht obenhin über ihn weg „meine".

Ich führe zunächst ein Beispiel aus dem Wachtmeester an damit meine Leser ein Bild vor Augen bekommen, an das ich anknüpfen will. Der Wachtmeester macht eenen Rekrute mit seinen Pflichte bekannt:

En neue Mensche hot er angezoge,
Und nit umsünst isch er Draguner wore;
Nun heeßt es: Auge uf und zruck die Ohre!
Fortan muß er sich schinne und sich vloge.

Er därf dabei sich nit zu muckse woge,
Wird ihm sein Hoor am Köpche kurz geschore;
„Ein fürnehm Wesse muß jetzsch in ihn fohre",
Sunst fährt ä Dunnerwetter ihm in Moge!

Man wird gar manchen Dienscht von ihm verlange,
Den söll er stets mit frohem Muth verrichte:
Er muß mein'm Weeb im Friede helfe mange,

Denn das gehört zu seine Nebepflichte.
Doch isch an uns der Kriegesruf ergange,
So sitzt er uf, und macht dann Weltgeschichte!

Und noch eins in einem andern Tone aus dem Schluß des Buches. Der Wachtmeester ist alt geworden und zum Feldhüter herabgesunken:

Ich schaue von Heedelberg obe
Hinunner nach Manheem zu Thol,
Den Hut auf dem Kope verschobe,
Im Herze viel Kummer un Quol.

Die Oeppel im Garte zu hüte
Hot man mich hier obe bestellt.
So geht's dem Saldote im Friede
Nach Störmen und Schlachten im Feld!

Drum schau ich oft trämend hinunner
Uf Manheem die liebliche Stodt,
Wo eenschtens als flotter Draguner
Monch Herze geschloge mir hot.

1*

Und brauset der Wind in den Bämen,
Und schüttelt die Quätsche in's Gros,
Denn fahr ich empor aus den Trämen
Und meene, der Deiwel sei los!

Aber todesmuthig äußert er:

Es därf der Mann nit seeg am Lebe hente;
Der Tod isch leecht, so muß sich jeder denke,
Denn selbst die dümmste Kerle kinne sterbe.

Ein Kunstwerk wie dies, wovon ich eben einige Proben vorgelegt habe, ist kaum oder gar nicht möglich in der Schriftsprache, im sogenannten reinen Hochdeutsch. Wenigstens ist die Mundart, die Volkssprache für den Künstler eine Hülfe, ein Mitarbeiter. Das Volk, der Volkstamm hat sich nämlich in seiner Sprache und Sprachweise selbst gezeichnet, hat in der Mundart seinen Charakter ausgeprägt, hat dem Künstler also schon vorgearbeitet, hat ihm Umrisse gezeichnet, Farben gemischt, die er nur zu nehmen braucht, und ohne die er niemals im Stande wäre, Bilder von solcher Lebensfrische zu liefern.

Wie ein Zaubermantel versetzen uns die Töne dieser Mundart unter die Rebengelände der Pfalz oder die blühenden Obstbäume der Bergstraße oder in eine der heimischen Gaststuben „zur Poscht", „zum güldene Ochse" oder wohin sonst die Phantasie unwillkürlich führt unter eine Gruppe gemüthlicher Schwaben beim „Schoppe".

Es kommt nicht leicht ein Reisender zu Haus, der außer seinen Photographien in der Mappe nicht auch noch einige mundartige Wörter und Redensarten im Gedächtnisse mit heimbringt, wodurch er dann zu Hause seinen Erzählungen aus der Ferne Leben und Farbe gibt. So nahe liegt der Gebrauch der Mundart für die Charakteristik. Aber für die Verwendung zu einem wirklichen Kunstwerk hat sie ihre eigenthümlichen Gefahren. Sie verlockt vor allen Dingen gar leicht, die Farben zu dick aufzutragen und dadurch die Grenzen der Schönheitslinien zu verwischen.

Wenn wir damit an den Kernpunkt unserer Frage nach dem Werth und der Berechtigung der Mundart und mundartiger Dichtung gerückt sind, so muß der geneigte Leser uns jetzt in einigen historischen und sprachlichen Bemerkungen folgen, damit er zur selbstständigen Lösung dieser Frage gelange.

Als der Grund zu unserer neudeutschen Dichtung gelegt, als der Anfang gemacht wurde mit der Arbeit, die dem ganzen deutschen Volke sein geistiges Eigenthum geschaffen hat, war es zuerst durchaus nöthig, eine Allen gleich verständliche Sprache zu schaffen, denn diese war nicht vorhanden. Das Deutsche war im Anfange des siebzehnten Jahrhunderts in Mundarten förmlich zersplittert. Es galt, diese mit Autorität niederzuhalten, es galt damals: Einheit vor der Freiheit. Es ist das große Verdienst Gottscheds, Professor in Leipzig, von dem Goethe uns in seiner Selbstbiographie die bekannte ergötzliche Schilderung überliefert hat, auf die letzte Einübung und Ausübung einer solchen gemeingültigen hochdeutschen Schrift- und Buchsprache im ganzen deutschen Reich mit strenger Hand gehalten und sie endlich, also Mitte erst des vorigen Jahrhunderts, durchgesetzt zu haben. Er hatte sich, zum Glück für diese wichtige Sache, wenn auch zum Unheil zugleich für die deutsche Poesie, ein so hohes Ansehen als Dichter, Kritiker und Sprachmeister zu erfechten gewußt, daß er als Gesetzgeber und Richter in deutscher Grammatik willig anerkannt wurde. In dem interessanten Streite zwischen ihm und den Schweizern Bodmer und Breitinger über das Wesen der Poesie und die Muster für die zu schaffende deutsche Dichtung — nach Gottsched bei den Franzosen, nach Bodmer bei den Engländern — spielt die Reinheit und Würde der deutschen Sprache eine wichtige Rolle. Gottsched in seinen bändereichen Zeitschriften, den „vernünftigen Tadlerinnen", dem „Biedermann", dem „Neuesten aus der anmuthigen Gelehrsamkeit" und wie sie alle heißen wirft den Schweizern ihre Provinzialismen und mundartigen Sünden gegen die hochdeutsche Grammatik vor, und drang durch damit. Der berühmte schweizer Gelehrte und Dichter Haller reinigte in den vielen (16) Auflagen seiner Gedichte ganz allmählig seine Sprache, wie er selbst willig und geradezu anerkennt, nach Gottsched'schen Regeln: erst durch ihn habe er das reine Hochdeutsch gelernt.

So jung also ist die deutsche Spracheinheit! Erst vor nicht viel über hundert Jahren wurde sie vollendet, so wenig ohne Kampf wie später die politische Einheit. Es ist klar, daß die Schweizer durch diese Bemühungen in der Spracheinheit mit uns erhalten wurden. Die Niederländer nahmen zu Gottscheds Zeit nicht mehr daran Theil, sie hatten sich schon zu weit im Particularismus der Mundart abgesondert. Sie verstehen sich noch etwa mit dem Plattdeutschen, aber die eigentliche Gemeinschaft der Literatur ist aufgehoben. Welche politische Folgen dieses in Zukunft noch haben kann, ist nicht abzusehen. Auffallend ist die Trennung, da gerade von den Niederlanden aus der Anstoß kam, der Opitz und die Seinigen zur Gründung der neudeutschen Dichtung und Sprache führte.

Man spricht gern den Ausspruch Grimms nach, daß Luthers Sprache als der Kern der neudeutschen Sprachniedersetzung zu betrachten sei, und erweitert sich dies wahre Wort zu dem Gedanken, Luthers Bibelübersetzung habe die neuhochdeutsche Sprache über ganz Deutschland getragen und für Schrift, Kanzel, Schule und Gerichtssaal die Mundarten verdrängt. Wie viel aber nach Luther noch zu thun blieb, das beweist die Arbeit von mehreren Jahrhunderten, besonders die der neudeutschen Poeten und Grammatiker von Opitz bis über Gottsched und Adelung hinaus, den bekanntlich erst Jacob Grimm abgelöst hat. Die neu erwachte religiöse Bewegung war allerdings ein mächtiger Hebel auch für die Sprache des Reformators. Allein sie reichte doch hierfür eben nicht viel weiter als die Reformation selber; das katholische Deutschland, die größere Hälfte, lernte nur widerwillig von ihm; selbst die Helfer und Genossen Luthers, wie Zwingli, der Schweizer, schrieben in ihrem heimischen Dialekt, Zwingli z. B. so schweizerisch, wie weder Bodmer noch Haller, und in plattdeutschen Landen blieben Kanzel, Schule und Gericht plattdeutsch. Dort übersetzte man Luthers Bibel, übersetzte man Katechismus und Gesangbuch in die heimische Mundart. Dort konnten damals noch niederländische (holländische) Prediger wie Heinrich Moller von Zütphen (der 1524 bei Heide verbrannt wurde) in Bremen wie in Ditmarschen, ja von Dünkirchen bis Königsberg am Meeressaum entlang in ihrer holländischen Sprache verständlich predigen. Es ist ja bekannt, daß der Hauptpastor Goeze in Hamburg, der Hauptgegner Lessings, eine

Specialität aus seiner Kenntniß und Sammlung namentlich auch plattdeutscher Bibelübersetzungen machte und zunächst seinen Groll auf Lessing warf, als der ihm als Bibliothekar in Wolfenbüttel eine bibliographische Frage in Bezug auf eine plattdeutsche Bibel nicht beantwortet hatte.

In der Reformation und der Luther'schen Bibelübersetzung oder in der Macht und Pracht der hochdeutschen Sprache allein lag es nicht, daß die Mundarten im Norden zurückgedrängt wurden. Dies beweist eben Holland, das wohl die Reformation, aber nicht deren Sprache angenommen hat, hart an der Grenze des katholisch gebliebenen Westphalens, das sich in der täglichen Umgangssprache kaum von Holland unterscheidet, aber die hochdeutsche Schriftsprache für Kanzel- und Schulgebrauch angenommen. Ja, in der Sprache auch der plattdeutschen Bibeln liegt eine Macht und Pracht durchaus nicht weniger als in der Luther'schen; für einen Plattdeutschen ist sie geradezu bezaubernd. Man versuche es nur einmal, einen erhabenen Psalm oder die schlichte Erzählung der Evangelien in einer solchen Uebersetzung zu lesen, und man wird mir beistimmen.

Das Verdrängen der Mundart im Norden geschah erst durch das Vordringen der neudeutschen Poesie, geschah Stufe für Stufe, ganz allmählich. Aus dem Religionsunterricht in der Schule ist sie erst verschwunden zur Zeit unserer Großväter. Viel älter ist aber auch nicht die deutsche Literatur, wenn wir darunter das verstehen, was Jedermann ohne gelehrte Hülfsmittel liest und genießt. Theodor Storm beginnt sein „Hausbuch aus deutschen Dichtern" mit Recht erst mit Matthias Claudius, dem Wandsbecker Boten. Was vorher geht, ist meistens nur Vorarbeit, wenigstens ist außer einigen geistlichen und Volksliedern nichts davon zum Allgemeinbesitz durchgedrungen; das deutsche Volk weiß nichts davon.

Allerdings fand schon mehr als hundert Jahr früher, im Anfang des siebzehnten Jahrhunderts, Martin Opitz, der Schlesier, die einfachste Formel für die Kunst, regelrechte deutsche Verse zu machen. Diese Erfindung wurde für die neue deutsche Literatur, was die Erfindung der Dampfmaschine für die Industrie: sie bestimmte, in unermeßener Weise sogar, das Schicksal unserer Schrift- und Buchsprache.

Schlesien war damals ein neu germanisirtes Land. Es hatte keine Stammessprache gleich alten deutschen Gauen, wie Franken, Schwaben oder Niedersachsen, es hatte keine eigenthümlich ausgeprägte Mundart. Die Schlesier hielten dies für einen Vorzug; die erste schlesische Dichterschule, Opitz an der Spitze, hielt daher vor Allem bei ihren Verskünsten auf rechte Reinigkeit und Dignität der Sprache, wie Opitz in seinem sonderbaren Büchlein über die deutsche Poeterey sich ausdrückte, d. h. sie verbannten und verfolgten die provinziellen (mundartigen) Ausdrücke und Redeweisen als gemein. Opitz z. B. tadelt ausdrücklich die Wortstellung Mündlein roth, Röslein roth, nicht ahnend, daß der größte deutsche Dichter einmal wieder zurückgreifend in den Volkston der Mundart echt deutsch singen würde:

  Röslein, Röslein, Röslein roth,
  Röslein auf der Heiden.

Sie bewirkten dadurch allerdings, daß, wie ihr Versbau leicht nachzuahmen, ihre Sprache allgemein verständlich und somit ein erster Schritt gethan war für die Spracheinheit des ganzen Reichs. Denn man sang alsbald, wie man nie gethan, von dem Bober bis zur Eider in so gleichmäßiger Sprache und Weise, daß die Verse der Leute nicht von einander zu unterscheiden sind, mögen sie von Simon Dach aus Königsberg, von Rist aus Wedel bei Hamburg oder von Lund aus Lygumkloster bei Tondern herstammen, welch letzterer gewiß zu Hause so gut dänisch sprach, wie Rist in Wedel oder Rachel in Heide plattdeutsch, das dem Holländischen, von dem Opitz gelernt, näher lag als das schlesische Hochdeutsch.

Es bleibt etwas unerklärt darin. Denn, wie gesagt, die Bibel, die Kirche, die Schule, das Gericht, die Umgangssprache waren bei uns plattdeutsch. Es überkam die Leute wie ein Zauber. Das Versemachen nach der durchsichtigen Opitz'schen Regel in der blutlosen gereinigten Sprache ward eine gelehrte Spielerei, an der Alles theilnahm wie an andern Spielen, Patience oder dergleichen. Das war Nichts für's Volk, das stand außer dem Leben, fast so fern wie früher die lateinische Versmacherei derer Frischlin und Consorten,

wie denn auch die Opitz, Flemming, Morhof eben so gut und leicht
lateinisch wie deutsch dichteten. So auch noch, sie dichteten

weder für noch von allen;
Und ihre Vers kunstreich und wehrt
Sollten nur denen, die gelehrt
Und (wie sie thun) weisen Fürsten gefallen,

wie die Parole Weckherlins lautete.

Dennoch war die Wirkung eine gewaltige, die zuletzt auch bis in's Volk, bis in seine Sprache hintergriff. Die eine Seite davon haben wir schon bezeichnet: es ist die Vollendung des Werkes, das mit Luthers Bibelübersetzung den Anfang nahm, die Einheit unserer Literatur und Sprache. Es ging trotzdem nicht ohne Streit und Widerstreben. Die Süd- und Westdeutschen wollten sich nicht sogleich bequemen. Die Schäfer an der Pegnitz sangen ihre Weisen fort trotz Opitz' Versregeln, und Moscherosch, der Verfasser der Gesichte Philanders von Sittewald, erklärte scharf und laut, das beste Deutsch sei nicht am Bober zu Hause, sondern am Rhein. Er hatte Recht. Im Deutsch der ersten schlesischen Dichterschule fehlte alles Blut aus dem Volksherzen, das nur in seinen Mundarten lebendig pulsirt.

Die Einheit wurde also theuer erkauft. Denn unsere Buchsprache blieb blaß und vornehm weit mehr entfernt vom Volksmunde als z. B. das Englische. Unsere gemeinsame Muttersprache wird uns keineswegs mit der Muttermilch bequem eingetränkt, sondern wir müssen sie mühsam lernen; sie ist eine schwierige Sprache auch für den Eingebornen, eine Sprache, in der man, wie auf dem Parquetfußboden, leicht ausgleitet und über einen Schnitzel stolpert.

Unsere großen Sprachmeister, die wirklichen Schöpfer unserer Volksliteratur, erkannten dies sehr wohl. Aber selbst ihre Gewalt über die Sprache konnte diesen Charakter nicht mehr verwischen. Herder gießt in allen möglichen Variationen Spott und Hohn aus über die Wortgrübler, Schulmeister, Regelnschmiede, über die Pedanten der Reinigkeit und des Ueblichen, über die Großsiegelbewahrer der Keuschheit der Sprache, die in der Sprache eine solche Langeweile, solchen Bücher-, Katheder- und Studirstubenton, solchen Professor- und Paragraphenstil eingeführt haben, daß Natur, Freiheit und Laune des Ausdrucks wie eingesargt erscheinen. Er fordert Leichtigkeit, Beweglichkeit, Sinnlichkeit, Idiotismen.*) Also gerade das, was die Andern verwarfen, was die Verskünstler und Sprachmeister seit anderthalb Jahrhunderten ausgemerzt hatten, damit wir zur Einheit gelangten.

Goethe folgte nur zu gern diesen revolutionären Lehren, die er wohl schon in Straßburg von Herder vernahm, denn er selbst war, wie er in seiner Biographie gar ergötzlich erzählt, in Leipzig mit den alten Regeln der Reinigkeit und Dignität hinreichend gequält und für seine Frankfurter Mundart verhöhnt worden. Daß aber der Zauber noch nicht gebrochen war, das sieht man am deutlichsten an dem Mangel am eigentlichen Humor in der classischen Periode unserer Literatur. Der vornehme Ernst der gereinigten Buchsprache weicht auch unsern übermüthigen Stürmern und Drängern nicht vom Gesicht, der Scherz flüchtet sich bei uns in die Mundart, oder ist vielmehr wie die Natur, Laune, Beweglichkeit und Sinnlichkeit niemals daraus gelöst worden, er hat dort seine uralte Heimath. Es ist daher uns Deutschen eine Nothwendigkeit, schon aus diesem Grunde die mundartige Literatur zu cultiviren, um ein fröhliches Gegengewicht zu gewinnen. Denn die Spracheinheit kann uns dadurch nicht mehr abhanden kommen.

---

*) Vergl. E. Laas. Herders Einwirkung auf die deutsche Lyrik von 1770—75. Grenzboten 30. Jahrgang Nr. 40. S. 542.

Die Mannichfaltigkeit deutscher Mundarten.

Das Bedürfniß, die mundartige Literatur zu pflegen, ist nicht unbefriedigt geblieben. Wer nicht aus Neigung oder Beruf mit den Sachen zu thun hat, der macht sich keine Vorstellung von der Anzahl Schriftsteller in deutschen Mundarten, der Menge mundartiger Bücher, Broschüren und fliegender Blätter, meistens aus der Zeit nach Herder und Goethe, als ob man ihren Forderungen nach Natur und Laune, nach Idiotismen und Freiheit hätte nachkommen wollen. Wohl ein Beweis, daß die Forderung Herders eine wohlbegründete gewesen. Man kann Bibliotheken damit füllen. Gewöhnlich dringen sie nicht über ihr kleines Gebiet hinaus, in der Schweiz z. B. nicht über ihren Canton, oder wie in Zürich, Basel, auch in Köln, Aachen, Nürnberg, nicht aus der Stadt. Sie behandeln oft ganz particulare Interessen, die weiter hinaus keine Theilnahme finden, besingen einen verdienten Mann, das Lob der Heimat, oder sie geißeln Albernheiten und Mißbräuche und verlieren sich oft in Pasquillen.

Es ist also nicht die Mundart, wenigstens sie nicht allein, die sie Fremden fremd macht. Die Schwierigkeit der Sprache ist durchschnittlich sehr gering, viel geringer, als es für den ungeduldigen Leser den Anschein hat, der nicht die Ruhe herzubringt, einen Satz etwa zweimal zu lesen und ein scheinbar unbekanntes Wort ein wenig in's Auge oder Ohr zu fassen.

Nur hin und wieder, in Köln, in einigen altbayrischen Orten, im schweizer Hochlande wird der Dialekt wirklich schwer verständlich, meistens aber um so interessanter. Wer den Kölner Pulcinella (das Hänneschen) verstehen will, der soll beide Ohren offen halten. Schriftlich ist der Unterschied von deutsch und deutsch nirgends so groß, daß nicht das Verständniß jedem möglich wäre, er würde noch kleiner erscheinen, wenn die Dialektdichter nicht die Neigung hätten, ihre Eigenthümlichkeiten durch übermäßige Buchstabenhäufung auffällig zu machen. Wer z. B. Hebels allemannische Gedichte nach der einfachen Schreibart in Philipp Wackernagels Lesebuch liest, dem werden sie nicht mehr Mühe machen, als ein schwäbisches Volkslied, wenn er selber nachsingt:

> Jetzt gang i an's Brünnele,
> Trink aber nit.

Es ist also nicht die Schwierigkeit der Sprache, was die meisten mundartigen Dichtungen auf ihren engen Kreis beschränkt. Von unsern echten Volksliedern sind die meisten in der Mundart gedichtet. Das hat gar nicht verhindert, daß sie sich über ganz Deutschland verbreitet haben, mitunter ganz unverändert in ihrer landschaftlichen Tracht, so daß man schwäbische und bayrische Liedel und Schnadahupfl (Schnittertänzchen) direct aus plattdeutschem Munde vernimmt. Denn allerdings sind wir Norddeutsche, wie es scheint, sprachgewandter oder mehr geneigt, süddeutsche Eigenthümlichkeit freudig anzuerkennen. — Meistens haben die Lieder allerdings auf dieser Reise durch's weitere Vaterland ihre „Nationaltracht" mehr oder weniger mit der allgemein gültigen, die Mundart mit dem Schriftdeutsch vertauscht, und nur am treuherzigen Wesen sieht man ihnen noch das Mädchen vom Lande ab. Einzelne seltene Gestalten, meist die schönsten, haben ihr Gewand mit ihrer Heimat völlig vertauscht, ihre Mundart der neuen anbequemt. Sind's Mädchen aus der Fremde, so weiß man nicht, woher sie kommen. Das bekannte herrliche Lied z. B. von den beiden Königskindern (Hero und Leander):

> Es waren zwei Königskinder,
> Die hatten einander so lieb,

theilt Uhland in einer plattdeutschen Version mit:

> Et wassen twe künigesKinner,
> De hadden enanner so lef,
> De konnen to nanner nich kummen,
> Det water was vil to bred.

und Willems in seinen „ouden vlaemischen Liederen" in einer niederländischen Lesart:

> Het waren twee coningskinderen,
> Sy hadden malcander so lief;
> Sy conden byeen niet comen,
> Het water was veel te diep.

Wer sagt uns, wo es entstanden ist? Verbreitet war es über das ganze Gebiet deutscher Mundarten.

Dichtungen von solchem Werth und Glanze sind wie die Sterne allenthalben zu Hause. Mundartige Poesien sind meistens wie die häusliche Lampe, traulich aber nicht weiter leuchtend als in die enge Umgebung der eignen Häuslichkeit. Allerdings aber sind deren viel mehr, als man in der Ferne, wohin sie nicht leuchten, vermuthen kann. Nürnberg z. B. zählt 20—30 namhafte Dichter im heimischen Dialekt. Von ihnen ist nur Einer, der Flaschenmeister (Klempner) Grübel, auch im deutschen Reiche bekannt geworden, und dies wohl mehr durch Goethes gewichtige Empfehlung, als durch eigenes poetisches Verdienst. Denn aus den mehreren Bänden der Gedichte des braven Blickenschlägers bleibt dem treulich prüfenden Leser wenig mehr haften — außer der unpoetischen Stimmung einer gewissen philiströsen Resignation und eines gewissen Behagens, gemischt mit Langweile — als ein einziges köstliches Lied, das Lied vom klugen, faulen, gefräßigen Schlossergesellen — das denn freilich auch, mit Melodie versehen, seinen Weg über ganz Deutschland gemacht hat:

> An Schlosser hot an G'sellen g'hot,
> Der hot so langsam g'seilt.

Und Nürnberg steht nicht etwa als Ausnahme allein da. Alle größeren Städte Deutschlands, welche das Gepräge und die Mundart eines deutschen Stammes bewahrt haben: Wien, Köln, Aachen, Hamburg, bieten bei näherer Kenntniß ganz dieselbe Erscheinung. Es brauchen nicht immer Bücher zu sein, in denen es sich ausspricht. Wer hat nicht gehört von den Lustspielen der Wiener (jetzt auch Münchener) Vorstadtstheater, wo die Nestroy, Raimund, Scholz und andere Komiker im niederösterreichischen Dialekt nicht blos das gemeine Publicum, sondern die feinste Gesellschaft der Hauptstadt entzückten? Wer hat nicht gehört von der „Nacht auf Wache" in Hamburg?

In Köln steht das Leben der Mundart in voller Blüthe. Die Kölner besitzen schon eine gereimte Stadtchronik im heimischen Dialekt aus dem 13. Jahrhundert von ihrem damaligen Stadtschreiber Meister Gottfried Hagene. Die Mundart war damals mehr als jetzt noch reines Plattdeutsch. Dem heimischen Hänneschen (Pulcinella), der, wie gesagt, jedem Deutschen aus anderen Gauen schwer verständlich ist, hört der Kölner noch immer mit gewohnter Andacht zu, und im Carneval kann man noch jedes Jahr eine Anzahl fliegender Blätter auffangen, alle in demselben Dialekt, worin man jeden echten Kölner beim Schoppe gude Weng (guten Weines) allabendlich kann „kallen" hören.

Aehnlich in der Schweiz. Wie viel dort in der Mundart gedruckt wird, davon lassen wir uns hier gar nichts träumen. Namen wie die des Züricher Dichters Usteri sind auch in's Reich gedrungen, Jeremias Gotthelf, den Jacob Grimm in der Vorrede zu seinem Wörterbuch als einen Sprachgewaltigen preist, hat seine Sprachgewalt aus der Mundart. Aber außer diesen Männern von weiterem Ruf kann man Namen von Schriftstellern, die nie über ihre Berge hinaus klangen, zu Dutzenden nennen, die in der Heimat bekannt und beliebt sind. Und der Flugblätter mit fünf neuen Liedern, mit Balladen, Schauergeschichten, Neujahrs- und Geburtstagswünschen, mit Sprüchen und Gebetsformeln, oft gar curios in Kreisen oder Winkelrichtungen gedruckt, kann man zu ganzen Packeten bei Drehorgeln und ambulanten Buchhändlern kaufen, zum Beweise, wie gebräuchlich in der Schweiz noch die Mundart für's Volk zum Schriftgebrauch ist.

Volkspoesie.

Trotz der Liebe und Verehrung, welche die Mundart in der Heimat genoß, die sie immer genießt, wenn das Volk nicht verbildet ist, — denn sie ist die Sprache, die bei der Wiege und den Kinderspielen erklungen, — trotzdem sie auch hin und wieder zu schriftlichem Gebrauch, auch für die Kunst, die Poesie verwandt wurde, lag sie im Bann. Sie lag im stärksten Bann, in dem des Vorurtheils. Der unfehlbarste aller Päpste hatte ihr Urtheil gesprochen: die Unwissenheit; sie galt für gemein. Ihr fehlte die rechte Reinigkeit und Dignität der Buchsprache. Die Eitelkeit der Halbgebildeten, d. h. der Mehrzahl, betet nur zu gerne nach: ich danke dir, Herr, daß ich nicht spreche wie dieser Bauern einer oder dieser Schuhflicker! Und von diesem Vorurtheile waren auch die besten mit nichten frei. Trotz all seiner sarkastischen Bemerkungen gegen Buchgelehrte, Stubenhocker und ihre pedantische Sprache, trotz seines eifrigen Wunsches nach Natur, Laune, Frische, Idiotismen: Herder selbst wäre erschrocken, wenn man ihm vorgeschlagen, für die Poesie zur Mundart selbst zu greifen. Nein, er übertrug wohlweislich Simon Dachs „Aennchen von Tharau" aus dem Plattdeutschen in seine Art von Buchsprache. Und wie Goethe über die Mundart dachte, das werden wir sogleich des Näheren sehen.

Nein, die rechte Reinigkeit und Dignität der deutschen Sprache blieb doch das Ziel für die deutsche Schriftsprache, mochte man noch so sehr auf Opitz und Gottsched und all die Sprachmeister zwischen ihnen schelten. Man verfolgte die Provinzialismen fast noch eifriger als die Fremdwörter, und vergaß dabei, daß jedes deutsche Wort zuletzt dem Volksmunde entsprungen und in irgend einer Provinz entstanden sein muß. Denn woher sollt' es sonst kommen? Es war die stumme unbesehens angenommene Voraussetzung, daß ein gewisser Kreis von Wörtern vornehm sei, und man fragte niemals gründlich, welche denn und warum? Hätte man gefragt, so hätte die Antwort gelautet: die vornehmen sind die blassen, allgemein gebrauchten, d. h. die gemeinen.

Von Luther, auf den man sich für den Kern der neudeutschen Sprachniedersetzung beruft, stammt dieses Vorurtheil nicht. Er hatte laut genug gesagt: „Man muß nicht die Buchstaben in der lateinischen Sprache fragen, wenn man soll deutsch reden, wie die Esel thun, sondern muß die Mutter im Hause, die Kinder auf den Gassen, den gemeinen Mann auf dem Markte fragen und denselben auf das Maul sehen, wie sie reden, und danach dolmetschen, so verstehen sie es und merken, daß man will deutsch zu ihnen reden".

Aber das hatte deutsche Schulweisheit und grammatische Spitzfindigkeit längst wieder vergessen. Und so lag die Mundart, d. h. die deutsche Sprache wie das Volk sie spricht, nun im Bann der Verachtung, und es mußte wieder ein Genius kommen, sie aus diesem Bann zu lösen. Dieser erschien in einem der kindlichsten Gemüther, die je die Feder angesetzt, als ob damit auch das andere Luther'sche (Bibel) Wort wahr werden sollte: „Aus dem Munde der Kinder sollt ihr Weisheit hören". J. P. Hebels „Allemannische Gedichte für Freunde ländlicher Natur und Sitten" wurden mit dem Anfange unsers Jahrhunderts veröffentlicht. Herder hat sich nicht mehr über sie ausgesprochen, obgleich in ihnen seine Forderungen an die Sprache erfüllt waren. Goethe schrieb nach der zweiten Auflage 1804 über den Dichter: „Der Verfasser dieser Gedichte ist im Begriff, sich einen eignen Platz auf dem Parnaß zu erwerben". Das Lob, in dem er sich dann in einer mehrseitigen Recension ergeht, klingt etwas herablassend und nicht viel wärmer, als das über den hausbackenen Flaschenmeister Grübel oder über Joh. Heinr. Vossens sein Kartoffellied. Vielleicht ist er nur vorsichtig einer neuen Erscheinung gegenüber, deren weittragende Leuchtkraft damals Niemand erkannte. Denn er trifft sonst den Kern der Sache, wenn er kühl berichtet: „Jahres- und Tageszeiten gelingen dem Verfasser besonders. Hier kommt ihm zu Gute, daß er ein vorzügliches Talent hat, die Eigenthümlichkeiten der Zustände zu fassen und zu schildern. Nicht allein das Sichtbare daran, sondern das Hörbare, Riechbare, Greifbare und die aus allen sinnlichen Eindrücken zusammen entspringende Empfindung weiß er sich anzueignen und wiederzugeben".

Dies Alles, setzen wir hinzu, weil es nicht blos von ihm mit eignen Augen geschaut und mit eignen Sinnen empfunden, sondern von seinem ganzen Volksstamme durch die Jahrhunderte hindurch, mit dessen eignen Worten wie aus dessen eignem Herzen und Munde, in derselben Freude am Dasein, an der Heimat, mit derselben Unschuld und Heiterkeit. Er war der Erste, der da bemerkte, daß das Volk den Schatz seiner Empfindungen und Anschauungen am besten selbst ausgeprägt hatte in seiner Mundart, in seines Stammes Sprache. Er hatte Demuth genug, zu erkennen, daß die Volkssprache nicht die Reste einer verkümmerten Bildung darstelle, sondern das gesunde Leben des Volkes, er sah nicht mit Hochmuth herab auf das Volk, um es mit seiner Weisheit zu erziehen, sondern bescheiden heraus aus dem Volke, in dem er mit freundlicher Seele mitteninnen stand.

Kein Wunder, wenn er an den Zuständen nicht blos das Sichtbare, nein das Hörbare, Riechbare, Greifbare und selbst die daraus entspringende Empfindung wieder zu geben vermag, denn er sieht mit den Augen des Volks, empfindet mit seinen Sinnen. Er sieht den Mond, nicht Luna Diana oder andere dergleichen Nebenmonde oder Sonnen. Sein Blick ist ungetrübt, sein Herz so rein, daß er dicht an der Realität den Staub und Schmutz nicht bemerkt, nicht den Dünger, der den Haber für sein Mus so üppig macht, nur ein ganz klein „Fliegeschißli" am Barometer, nicht die rauhe Arbeit des Landmannes, das irdische Streben um Erwerb, aber wohl die schöne Ruhe und den zufriedenen Sinn nach gethaner Pflicht.

So löste Hebel die Mundart aus dem Bann. Er wurde der Prophet der Schönheit der Stammsprachen Deutschlands.

Goethe war, wie gesagt, nicht frei von dem Vorurtheil, das seit Opitz unserer Buchsprache so vielen Schaden gethan. Er flüchtete sich in der Beurtheilung Hebels hinter einen selbstgemachten

Begriff, den der „Volkspoesie". Hebels Gedichte gehörten nach ihm in diese Kategorie. Er wacht mit einiger vornehmer Aengstlichkeit darüber, daß er nicht diese Grenzen verläßt. Wenn er (Hebel) es nun gethan hätte? Und ob wohl Robert Burns in diesen Grenzen geblieben? Was ist Volkspoesie? Man frage, um es sich klar zu machen, etwa was Volksmalerei bedeute? Scenen aus dem Volksleben vielleicht? Wenn schön, sind sie so gut für den Höchstgebildeten wie für jeden Andern. An Hebel haben sich die höchsten Geister erquickt, Goethe nicht ausgenommen. Und wenn eine Poesie den Namen Volkspoesie verdienen soll, so muß sie neben den Höchstgebildeten noch die Mutter im Hause, die Kinder auf der Gasse und den gemeinen Mann auf dem Markte erquicken, ja erheben. Thun sie dies denn in der Sprache, die dazu die passendste ist!

Hebel auf dem Parnaß.

Hebel brach den Bann der Mundart. Er war der Erste und lange der Einzige, der in wahrem Glauben, der mit demselben Ernst wirklicher Empfindung diese Empfindung in der Sprache seines Stammes laut werden ließ, wie die gleichzeitigen classischen deutschen Schriftsteller es thaten in der damals schon allgemein angenommenen Schriftsprache.

Usteri, der Züricher, von Geburt und Sprache ein Allemanne wie Hebel und der Zeit nach sein Vorgänger in mundartigen Dichtungen, ist noch ganz im Vorurtheil deutscher Grammatiker von der einzigen Dignität der Schriftsprache befangen. Er hat nicht den Glauben an Reinigkeit und Würde des Volksmundes. Er läßt ihn sprechen, nicht um als Prophet aus dem geheimen Volksherzen der fernstehenden gebildeten Welt etwas zu offenbaren, was nur er mit dem tiefer blickenden Auge des Poeten geschaut, seien es Sünden oder Tugenden, sondern um das Volk dem oberflächlichen Leser lächerlich zu machen für kleine Schwächen, die vor Jedermanns Augen offen liegen, die er carifiren und übertreiben muß, damit sie nur etwas werden, und die er in der treuherzigen Mundart vorträgt, damit sie die täuschende Farbe der Wirklichkeit erhalten: da das Volk in seiner Sprache sich ja selbst zeichnet.

Im „Herrn Heinri" z. B., einer städtischen Idylle in Züricher Mundart, ist die auch auswärts gelesenste Episode die Schilderung einer Kaffegesellschaft. Die Frau Basen schlampampen, und die ganze Erfindung des Dichters besteht darin, so viel Redensarten als möglich aus der Mundart aufzutreiben, um eine Tasse nach der andern ablehnen und aufnöthigen zu lassen. Welche armselige Caricatur!

Ma gaht ja nüt uf eim Bei.
Aller guete Dinge sind drü.
Siebe Tasse sind ungrade.

Und die Entgegnungen:

Jetzt müeßt i verspringe!
Wär me nu es Faß?
Genueg is genueg.

Das könnte man gerade ebenso in mecklenburger Mundart als plattdeutsches Läuschen erzählen, ist also gar nicht charakteristisch für die Stammsprache.
Ganz anders Hebel. Wie in Ludwig Richters Zeichnungen kann man sich in Hebels Bilder versenken und dem Betrachter offenbart sich eine ganz neue Welt an Land und Leuten; selbst dem, der die heimische Ecke zwischen Neckar und Alpen aus der Anschauung kennt, vertieft sich der Eindruck und bereichert sich die innere Welt. Denn Hebel ist wirklich der Prophet seines Stammes. Daher auch kann man ihn nicht übersetzen. Die hochdeutsche Uebersetzung von Reinick ist ein Nothbehelf, seiner Zeit gemacht, damit es Georg Wigand möglich war, einen Text zu L. Richters schönen Illustrationen zu liefern, da das Original noch im Privilegium lag.*) Eine plattdeutsche Uebersetzung, wie z. B. die recht wohl gelungene von Joh. Meyer, muß oft den Gegenstand mit dem Tone wechseln und so zu sagen Neues schaffen, wie z. B. er mit Recht das „Habermus" als „Mehlbübel" wiedergegeben hat.

Hebel war daher auch der Erste, dessen Gedichte im Original weiter drangen als seine Mundart. Ein Theil von ihnen ging bald neben denen Goethes, Claudius' und Bürgers in die schriftdeutschen Anthologien, ja neben Gellerts Fabeln in Fibeln und Volksbücher über als mit das Schönste, was deutsches Herz empfunden und deutscher Mund ausgesprochen.

Ein lehrhafter Zug im Hebel mochte dazu beitragen. Goethe sagt in seiner früher angeführten Recension: „Ueberhaupt hat der

---

*) Wäre es nicht jetzt an der Zeit, den Hebel'schen Originaltext mit Richters Bildern herauszugeben? Und könnte dabei nicht die Orthographie nach Phil. Wackernagels Grundsätzen vereinfacht werden? Für norddeutsche Leser würde dies eine Erleichterung sein.

Verfasser den Charakter der Volkspoesie darin sehr gut getroffen, daß er durchaus, zarter oder derber, die Nutzanwendung ausspricht. Wenn der höher Gebildete von dem ganzen Kunstwerke die Einwirkung auf sein inneres Ganzes erfahren und so in einem höheren Sinne erbaut sein will, so verlangen Menschen auf einer niedern Stufe der Cultur die Nutzanwendung von jeder einzelnen, um es auch sogleich zum Hausgebrauch benutzen zu können. Der Verfasser hat nach unserm Gefühl das Fabula docet meist sehr glücklich und mit viel Geschmack angebracht, so daß, indem der Charakter einer Volkspoesie ausgesprochen wird, der ästhetisch Genießende sich nicht verletzt fühlt".

Aber dies ist schief und unwahr von einem Ende bis zum andern. Nach dieser Goethe'schen Darstellung sollte man glauben, daß wie bei den Fabeln in Wagners Lehren der Weisheit und Tugend die Moral von der Geschicht in jedem Hebel'schen Gedichte zum Schluß oder an noch geschmackvollerem Platze angebracht sei. Wo steht denn diese Moral in den Liebesliedern Hebels, im „Hans und Vreneli" z. B., im „Hexlein", im „Kuß in Ehren"? Vielleicht beim letzten in dem Zusatz „in Ehren"? Aber wo ist sie ausgesprochen in der herrlichsten aller Frühlingsbeschreibungen, in Hebels „Wiese"? Oder in seinen Erzählungen, dem „Statthalter von Schopfheim", oder dem „Karfunkel"? Freilich kann man dem letzteren schönen Gedicht so gut wie Shakespeares Othello die Moral der Nicolai'schen Ballade anhängen: „Darum liebes Publicum — bringe deine Frau nicht um". Dann muß man freilich nach Goethes Begriff auch Shakespeares Dichtung zur Volkspoesie schlagen, als welcher nach Gervinus das Fabula docet ebensowohl angebracht hat wie Hebel, während Burns vom Volkspoeten zu einer andern Stufe — wie soll man sagen — avancirt oder degradirt werden müßte, denn bei ihm findet sich das Fabula docet gar nicht.

Und das ist die Moral von dieser Geschicht: einen Platz auf dem Parnaß sollte der Hebel schon haben, aber einen kleinen abseits, nicht den, welchen Gervinus später ihm anwies, mitten unter den hochdeutschen Poeten. Goethe konnte so wenig die rechte Dignität und Reinigkeit der Haupt- und Heldensprache vergessen als all die andern. Dies Vorurtheil schleppte man seit Opitz an den Beinen. Wie hätte er sich sonst von der Höhe seines Urtheils herabbegeben, wonach er kühn erklärt: „Die Poesie will weder lehren noch bessern, sie will nur darstellen". Hätte Hebel in einer fremden Sprache geschrieben, serbisch meinetwegen oder finnisch, so würde Goethe ihn, wie Burns, unbedingt schlechthin für einen der größten Dichter anerkannt haben. Es ist nur das Vorurtheil gegen das, was man mit verächtlichem Nebenbegriff seit Opitz als „Mundart" bezeichnet hat, daß Goethe sich einen Begriff der „Volkspoesie" zurecht macht, in welcher das Fabula docet der Kern sei.

Der Kern steckte ganz wo anders. Was Hebel geschrieben, ist durch und durch Poesie, Poesie vom reinsten Golde. Es ist ihre allbezwingende Macht, die auch die Pädagogen gefangen nahm. Hebel schaut, wie ein Kind, alles mit beglückten Augen an, das Kleine wird ihm groß, das Alltägliche wunderbar, das Große lieblich, das Heilige zutraulich. Er spricht dies alles aus wie ein Kind mit freundlich verwundertem Lächeln. Man glaube doch ja nicht wegen des kühlen Vergnügens das Volk in Reimen zu belehren und „Volkspoesie" in diesem Sinne zu machen. Nein, wie jeder Poet, um es concentrirt im Kunstwerk schaffend noch einmal zu erleben. Mit sicherem Griff nimmt er dazu die Sprache seines Stammes, da in ihr sich die ähnliche Anschauung des glücklichen Volkscharakters wie im Spiegel jahrhundertelanger Erfahrung concentrirt abgebildet. Da steckt das Geheimniß seiner Wirkung. In diesem Sinne ist er Volksdichter. Wie sollt er auch etwas anderes sein?

J. H. Voß und seine plattdeutsche Buchsprache.
Holländisch.
Jacob Grimm und Max Müller über Mundarten.

Dich, du seltsamer Mann, singt Karl von Holtei in der Widmung vor seinen Gedichten in schlesischer Mundart, unsern Hebel an:

> Dich, Du seltsamer Mann, hatt ich im Sinne und Härze,
> Weil ich Dir wullte partu a Briesel wullt ich Der schreiben,
> Und da wullt ich Der schicken de ganzen schläschen Getichte;
> Wullte sprechen zu Dir: a Hebel bist Du gewäsen
> Für die Liederle hie! denn nimmermehr hätt ich gesunge
> In der schläschen Weise, hätt's nicht alamannsche Getichte.
> Mit a Stäker vo Guld hust Du mer'sch Härze dergriffen,
> Hust de mer'sch umgerührt im Leibe.

So wirkte das Beispiel von der einen Ecke Deutschlands bis zur andern. Fast alle Dichter in deutschen Mundarten haben direct oder indirect den Anstoß von Hebel erhalten. Aber den Weg mußte sich jeder für seine besondere Mundart erst selber bahnen, mußte ihr ablauschen, wie der Volksstamm jedesmal sich in seiner besonderen Weise, in seiner Sprache, in Worten und Wendungen gezeichnet, mußte zwischen der Bildung und der gemeinen Wirklichkeit vermitteln. Und allerdings ging das bei den Wenigsten ab ohne Straucheln, wie denn gleich das Bild vom „Hebel" und vom „goldenen Stecken", mit dem man das Herz „ergreift" und es dann „umrührt im Leibe" vom Buchgelehrten stammt, nicht aus der Mundart.

Wie doctrinär die meisten Sänger der Mundart das Geschäft betrieben, davon liegt der stärkste Beweis darin, daß fast alle plattdeutschen, die Bornemann, Bärmann ꝛc. die grobe Seite des Volkslebens herauskehren:

> Klümpe mehr es sustendick,
> Up de Mann en twintig Stück.
>
> Bornemanns Hochzeitslied.

gewiß weil das ihnen in der Bezeichnung der Mundart als „platt"-deutsch vorbedeutet. Allerdings auch, weil es am leichtesten ist, in der Wirklichkeit das Gemeine zu sehen, und schwer, in ihr, die uns täglich rauh berührt, das Ideal zu finden, wie Hebel es verstand. Aber auch die Doctrin von der einzigen Diguität und Reinheit der Buchsprache war noch lange nicht überwunden. Dies beweist uns am deutlichsten Joh. Heinr. Voß, der gelehrte Uebersetzer des Homer, in seinen plattdeutschen Versuchen, die er allerdings etwas vor Hebel, als der erste Neuplattdeutsche von Bedeutung, heraus gab. Voß nahm dazu nicht seinen heimischen Dialekt, den mecklenburger, oder den hannover'schen der Elbmarsch, den er vom langen Aufenthalt dort kennen mußte, oder den holsteinischen, nein, die Volksmundart hatte für den Gelehrten weder Diguität noch Reinigkeit, die bekam sie erst durch einige Grammatik und Declination. Voß flickte ihr diese Ingredienzien mit reiner Willkür an, indem er so ein Bischen von Dativ und Conjugation anhing, wo es ihm zu mangeln schien. Was würde man z. B. von dem englischen Dichter sagen, der etwa den Artikel the willkürlich in ther und them verwandeln wollte, wie Voß es mit dem plattdeutschen thut, wenn er singt:

> Als in der Hölle
> Fluckert im Awen dat Jür! da kün of en Osse bi braden!
> Wo grotmächtig de Keerl as en Vagd suhlenst in dem Lehnstohl,

wobei einem Plattdeutschen im Ohr und Herzen übel werden kann.

Man begreift es nicht. Fast jedes Wort ist durch unorganische Anhängsel, die gänzlich dem Genius des Niederdeutschen widerstreben, die nirgends aus dem Munde eines Sachsen, Friesen, Holländers je vernommen sind, willkürlich verdreht und verdorben. In eine solche sonderbare Verirrung konnte ein deutscher Sprachgelehrter gerathen, ein Mann, der so große Verdienste um die allgemeine deutsche Poesie und Sprache hat, nur weil die seit anderthalbhundert Jahren von allen Grammatikern gepredigte Lehre von der Würde und Reinheit der Schriftsprache und der Rohheit der Volksmundart nun auch ihm unbesehens als Wahrheit galt. Ja von diesem Vorurtheil war noch Jacob Grimm nicht frei, der doch der Erste eine Grammatik nicht bloß des Hochdeutschen, sondern der deutschen Stammsprachen versuchte.

Damit ich nicht das Ansehn gewinne, als spräche ich contra Grimm oder pro aris et focis, verzeihe man mir ein etwas längeres Citat aus Max Müllers berühmten Vorlesungen über die Sprachwissenschaft, nachdem ich vorher noch eine Anmerkung über die holländische Schriftsprache gemacht haben werde.

Die plattdeutschen Holländer haben lange vor Voß in ähnlicher Weise wie er Genus- und Casusendungen willkürlich an die Mundart angeflickt, um ihr dadurch die mangelnde Würde einer Schriftsprache zu geben. Schon 1625 sagt Christ. van Heule in der Vorrede zu seiner Nederduytsche Grammatica ofte Spraec-Konst, daß der Dativ, Accusativ und Ablativ, welche von niederländischen Schriftstellern angewendet werden, in der gesprochenen Rede nicht vorhanden seien. Dem ungelehrten Niederländer mochten, wie er sagt, diese Biegungen wie eine Verzierung erscheinen. Und merkwürdiger noch ist es, daß sie diese „Zieraten" in der Schriftsprache, trotz wiederholten Widerspruchs verständiger Gelehrten behalten haben.

Noch ganz in neuester Zeit ist von dem gelehrten Orientalisten Prof. T. Roorda ein Buch von nicht weniger als 214 enggedruckten Octavseiten erschienen, über den Unterschied und die nothwendige Uebereinstimmung zwischen Sprechsprache und Schriftsprache (Leenwarden 1858), eine Schrift, die den lebhaftesten Widerspruch, aber, selbst von Prof. van Vloten, keine treffende Widerlegung gefunden hat. Prof. Roorda sagt darin S. 6.: „Das ist doch wohl die größte Sonderbarkeit, die man auch in der französischen, englischen und hochdeutschen Schriftsprache nicht antrifft, daß man im Holländischen Regeln, willkürlich durch Schriftgelehrte angenommene und festgestellte Sprachregeln befolgt, die der lebenden Sprache, so wie wir sie sprechen, gänzlich und durchaus fremd sind, so fremd wie die Regeln einer fremden Sprache, wie das Latein oder das Hochdeutsch". Er rechnet dahin namentlich auch eine künstliche dem Hochdeutschen entlehnte Conjunctivform. Und er beruft sich für diese seine allgemeine Behauptung auf einen Fachgelehrten, den berühmten Prof. de Vries, der auch behauptet, die holländische Sprechsprache allein sei die reine unverfälschte, die Schriftsprache eine durch willkürliche Regeln verkünstelte.

Bei uns ließe sich trotz der guten Meinung Roorbas von unserm Schriftdeutsch ein ähnliches Buch schreiben. Es würde aber so wenig praktischen Nutzen haben, wie seins in Holland. Denn in der Sprache gilt der Satz in der That: was wirklich, ist vernünftig. Und eben so sicher ist, daß Schrift- und Sprechsprache sich nie und nirgends decken. Das Volk kommt mit Einer Sprache nicht aus und macht sich zwei, wenn's nur Eine hat. Ein gelehrter Holländer versicherte mir einmal mündlich: sie, die Holländer, hätten eigentlich drei Sprachen: die Schriftsprache, die Mundart und ein Zwischending, das man nicht auf der Kanzel und im Parlament, aber etwa bei Tischreden gebrauche, auch genau nach Regeln geformt.

Also Max Müller spricht von der Neubildung der Sprachen durch ihre Mundarten (dialectic regeneration) und fragt zunächst, was ist denn eine Mundart, ein Dialekt? Die Sprache, antwortet er, existirt nirgends für sich, sondern nur im Menschen. Die Sprache lebt nur, indem sie gesprochen wird, sie stirbt mit jedem ausgesprochenen Wort. Es ist reiner Zufall, wenn eine Sprache gedruckt und geschrieben wird. Noch gegenwärtig sind die meisten Sprachen ohne Schrift und ohne Literatur. Unter den zahlreichen Stämmen im Innern von Asien, Africa, America und den Südsee-Inseln lebt die Sprache noch in ihrem Urzustande, im Zustande, so zu sagen, einer immerwährenden Verbrennung. Dahin muß man sich wenden, um eine Einsicht zu gewinnen, wie eine menschliche Sprache wächst, ehe sie gefesselt wird durch Schrift und Druck. Was wir gewohnt sind Sprache zu nennen, die literarischen Idiome von Griechenland, Rom und Indien, von Italien, Frankreich, Spanien, von England und Deutschland, diese Sprachen sind mehr Kunstproducte als Formen einer wirklich natürlichen Sprache.

Das wirkliche und natürliche Leben einer Sprache steckt in ihren Mundarten, und trotz der Tyrannei der Buchsprachen ist die Zeit noch fern, wo die Mundarten selbst des Italienischen und Französischen z. B. ausgerottet sind. Gegen zwanzig italienische Mundarten sind durch Schrift und Druck bekannt geworden. Champollion zählt vierzehn französische Dialekte als bestimmt unterschieden auf. Die Zahl der neugriechischen Mundarten wird von Einigen auf siebenzig angeschlagen.

Es ist ein Irrthum, daß die Mundarten Ausartungen der Schriftsprache seien. Selbst in England hat das Patois (die Pöbelsprache) hin und wieder Wörter und Wendungen, die reiner sind als die Sprache Shakespeares, und übertrifft an Reichthum in manchen Punkten die classischen Schriftsteller jeder Periode. Die Mundarten sind überhaupt eher Zuleiter als Ableiter (the feeders rather than the channels) der Buchsprache, jedenfalls sind sie immer parallele Ströme, lange vorhanden, ehe einer von ihnen durch Schriftcultur zu einer temporären Herrschaft erhoben wurde.

Was Jacob Grimm über die Entstehung der Dialekte sagt, gilt nur von denen, die durch Verfall ihrer Laute entstanden sind. „Dialekte," schreibt er, „entwickeln sich progressiv, und je mehr wir zurückblicken in die Geschichte der Sprache, desto kleiner ist ihre Zahl, desto unbestimmter ihre Gestaltung. Alle Vielheit entsteht allmählich aus ursprünglicher Einheit."

So scheint es allerdings, wenn wir unsere Ansichten über die Sprache allein auf die Kenntniß von Schriftsprachen, von Sanskrit, Griechisch, Latein und Gothisch gründen. Zweifellos sind dies die königlichen Häupter in der Geschichte der Sprache. Aber wie die politische Geschichte etwas mehr sein muß als eine Chronik königlicher Häuser, so muß der Geschichtschreiber der Sprache niemals die niederen Schichten aus dem Auge verlieren, aus denen die herrschenden zuletzt entsprangen, durch die allein sie erhalten und getragen werden.

Hier liegt freilich die Schwierigkeit. Wie soll man die Entwicklung der Mundarten aller Zeiten erkennen, da nur geschriebene Materialien zu uns gelangt sind? Kaum erzählen die Alten von den Mundarten. Plinius sagt wohl, daß in Kolchis mehr als 300 Sprachen geredet worden seien, daß die Römer dort 130 Dolmetscher gehalten. Mag es übertrieben sein, so spricht doch Strabo von 70 verschiedenen Stämmen und Sprachen. In unsern Tagen, wo die Missionäre sich dem Studium der Sprachen wilder Stämme mit Eifer hingeben, haben sie doch meistens nur Eine von vielen Mundarten beherrschen lernen. Haben sie dann etwa diese Mundart zur Schrift gewöhnt und dieselbe zum Mittel gewählt für ihren bildenden Einfluß, so hat diese Mundart bald eine Art von literarischer Herrschaft erlangt und die anderen als barbarische Jargons zurückgedrängt. Dennoch wissen wir von diesen wilden Stämmen nur etwas durch die Missionäre.

Wir wollen Max Müller nun nicht folgen in seiner reichen Erzählung über die Menge, den Charakter, den schnellen Wechsel und Untergang ungeschriebener Mundarten wilder Stämme, so interessant dieses Capitel sein möchte. Dann fährt er fort: Schriftsprachen zahlen für ihre temporäre Größe durch unvermeidlichen Verfall. Sie gleichen stagnirenden Seen an der Seite großer Ströme. Sie bilden Reservoirs von dem, was einst laufende Sprache war, aber sie laufen nicht mehr mit im großen Fortschritt. Mitunter möchte es scheinen, als wäre der ganze Strom lebender Sprache in diese Seen abgeflossen. Aber es ist Täuschung. — Oder man vergleiche die Schriftsprache mit der Eisfläche auf einem gefrorenen Strom. Glänzend ist sie, glatt, aber starr ist sie und kalt. Meistens während politischer Revolutionen wird diese polirte Cultursprache zerbrochen und weggeführt durch die Wasser drunten. Dann kommen die vulgären Mundarten wieder über die krystallene Oberfläche der Schriftsprache empor und vernichten, wie die Wasser des Frühlings, die Bruchstücke überwundener Bildung. Sobald eine Sprache sich fesselt durch Sprache und Cultur, sobald sie die Fähigkeit sich zu ändern verliert durch Grammatik und Regel, führt sie statt des natürlichen Lebens ein künstliches Dasein. Sie mag darum noch lange Zeit fortexistiren, aber während sie der Stamm zu sein scheint, ist sie nur noch ein verdorrter Zweig, allmählich sinkend vom lebenden Wurzelstock.

Max Müller erläutert diese seine Ansicht durch das Beispiel

der romanischen Sprachen. Als das römische Reich zerstört, das classische Latein Ciceros zerbrochen war, da fand sich plötzlich, daß man in den Straßen Roms, in Italien, Spanien, Gallien, wohin das römische Volk gedrungen, schon längst eine Mundart geredet, die man nun als Italienisch, Spanisch, Französisch, Rumänisch als Töchtersprachen des Latein zu lernen pflegt, die aber eigentlich die Wurzeln der classischen römischen Schriftsprache gewesen, nur unerkannt, weil ungeschrieben bis dahin.

Wenn dies eine neue Ansicht ist, erst entstanden durch die größeren Mittel der vergleichenden Sprachwissenschaft und von ihr begründet, noch kämpfend, wie man sieht, mit dem alten Vorurtheil, dem selbst ein Mann, wie Jacob Grimm noch nicht entwachsen war, so darf ich wohl darauf aufmerksam machen, daß ich dasselbe schon Jahre vorher in meinen „Briefen über Hochdeutsch und Plattdeutsch" ausgesprochen habe. Dort heißt es S. 38: Wenn wir, was deutsche Zunge spricht, sei es platt oder hoch, gedruckt oder ungedruckt, deutsche Sprache nennen, so faßt diese Gesammtheit zwei Hauptgruppen unter sich, die wir als Plattdeutsch und Hochdeutsch oder als Niederdeutsch und Oberdeutsch bezeichnen können. Der Baum deutscher Sprache besteht aus zwei Stämmen, einem hochdeutschen und einem plattdeutschen Sprachstamme, die beide wieder in eine Menge Zweige getheilt sind, und diese Zweige sind die Mundarten.

Wollen wir jetzt die Stellung der Schriftsprache in dem ganzen deutschen Sprachgebiete angeben, so können wir sagen, um im Bilde zu bleiben: die Schriftsprache ist nicht etwa der Stamm der deutschen Sprache, woran die Mundarten die mehr oder weniger saftvollen Zweige sind; sie hat eine eminente Stellung, natürlich — als Trägerin der edelsten Früchte der Wissenschaft und Poesie — mag man sie als das Edelreis betrachten; aber ein Zweig ist sie unter den Zweigen, vom wissenschaftlichen Standpunkte aus ist auch sie nur eine Mundart.

Dadurch wird das Hochdeutsche nicht herabgesetzt, kann es nicht einmal, es bleibt immer die Sprache der Gebildeten, der Kirche, der Bibel, die Sprache, vor der man selbst Respect hat durch eigne Kunde und Einsicht, die das Maß ihres Werthes in sich selbst trägt und keines Vergleiches bedarf, um gehoben zu werden. Wir betonen diese Stellung der Schriftsprache zu den andern Mundarten nur, um ein Vorurtheil abzuwehren: Der Stamm ist eher da als die Zweige. So ist die Schriftsprache vor den Mundarten nicht da gewesen. Diese sind nicht aus ihr durch Degeneration und Verderbniß wie Wasserreiser und Auswüchse entstanden. Insofern wird das Bild falsch. Die Mundarten sind vielmehr die Wurzeln, wenn man die Schriftsprache als den Stamm ansehen will; diese wird verdorren, wenn man die Mundarten abschneidet, die ihr den Lebenssaft zuführen, wie dies z. B. beim Französischen schon beinahe der Fall ist.

Die Mundarten sind durchaus nicht ein verderbtes, verschlechtertes Hochdeutsch, sondern die gesunde Grundlage desselben, nicht eine Caricatur der gebildeten Sprache, sondern der Marmor, aus dem ihr Bild gemeißelt ist. Mundarten in jenem schlechten Sinn würden erst entstehen, wenn das Hochdeutsch alleinige Sprache Deutschlands würde, wovor uns Gott behüte, denn dann würden die niedern Stände daraus ein Patois machen, in jeder Provinz je nach der Eigenthümlichkeit des Volkscharakters ein anderes; das Volk wird nie davon abzuhalten sein, sich seine Sprache zurecht zu schneiden. Denn (wie ich an anderer Stelle gesagt) das Volk bedarf einmal zweier Sprachen, eine für den höheren Gebrauch, eine, wie Klaus Harms sagt, hinter Topf und Pflug. Wir würden alsdann wieder eben so viele Mundarten haben wie jetzt, aber nicht als lebendige Wurzeln der gesunden Volksanschauung, sondern als Wasserreiser einer halbassimilirten Bildung. Denn allerdings gibt es auch solche Dialekte. Leider geben schon mehrere norddeutsche Städte, wo sich der Handwerker bemüht, seine schöne Modersprak zu verleugnen, in einem wahrhaften Greuelhochdeutsch dazu den Beleg her.

Der Dichter und das Platt.

Der Dichter bedarf keiner theoretischen Einsicht in das Wesen seiner Sprache, wie wir sie in den vorhergehenden Essais auseinandergesetzt haben: wenn er nur seine Sprache beherrscht. Er folgt seinem Genius und trifft das Richtige. Wenn er es trifft, freilich. Vielleicht hat alsdann Einer vor ihm die Theorie ausgedacht und er braucht es nicht selber zu thun. Goethe freut sich bekanntlich noch als Greis, wenn er zurückdenkt an die Zeit, da ihm zuerst Lessings Laokoon in die Hand gefallen. Wir hielten uns von allem Uebel erlöst, sagt er darüber. Und doch waren es auch dort nur einige Grundlinien der Theorie, die Lessing erkannt und ausgesprochen, namentlich die über das Wesen der Sprache und ihre Verwendung als Kunstmittel, die Goethe's Genius erlöst hatten. Die falsche Ansicht: ut pictura poësis, daß die Poesie eine Malerei in Worten sei, hatte seit dem Entstehen der neudeutschen Dichtkunst mehr oder weniger alle deutschen Dichter vom rechten Wege abgelenkt.

Die Stellung des Plattdeutschen nun ist eine eigenthümliche im deutschen Sprachgebiet; sie richtig zu erkennen, war schwierig, bei dem damaligen Vorurtheil gegen die Mundart an sich fast unmöglich. Das Plattdeutsche fühlte sich nicht als Dialekt der Schriftsprache, dazu war sie ihr im Bau und Klange zu fremd, es fühlte sich mehr als wirkliche Sprache ihr gegenüber mit einer Reihe Mundarten unter sich. Und so mochte wohl J. H. Voß auf den Gedanken kommen, das Gemeinsame aus diesen Mundarten zu einer neuen plattdeutschen Gesammtsprache zu vereinen. Ein Gedanke, der einem oberdeutschen Dialektdichter nie wird kommen können, weil dort der Dialekt sich an die Schriftsprache anlehnt. Der Gedanke war wenigstens besser als alle übrigen, die damals und noch lange über unsere sächsische Sprache umliefen, ja grassirten. Denn es war ein beliebtes Feld und für die Unwissenheit ein freier Tummelplatz. Es gab keine deutsche Schulgrammatik, kein Lehrbuch des deutschen Stils, der deutschen Literatur, die nicht mit mehr oder weniger Unkenntniß dem Plattdeutschen seine Stellung anwiesen, natürlich ganz unten beim Pöbel und dem unbehobelten Bauer. Das folgerte man dreist immer wieder aus dem Namen der Sprache, der es ja deutlich bezeichne als **plattes** Deutsch dem Hochdeutsch gegenüber! — ähnlich wie der Pädagoge dem Schüler erklärt: das Schwein ist ein sehr unsauberes Thier und führt daher seinen Namen mit Recht, — da doch Jedermann wissen konnte, daß es die Sprache des platten flachen Landes gegenüber der des Hochlandes bezeichne.

Zur Stütze dieses Vorurtheils diente, daß fast Niemand von denen die es verbreiteten, nur einmal mit umfassender Sprachkenntniß des Plattdeutschen ausgerüstet war. Denn die Schriftstellerei im Großen und Ganzen war in den Händen Mitteldeutscher; wenigstens Grammatiker, Literarhistoriker und Journalisten lieferte das eigentliche Flachland verhältnißmäßig wenige. Wenn es nun als unbezweifelte Wahrheit angesehen wurde, — seit Opitz gelehrt und praktisch geübt, von den höchsten Autoritäten bis Jacob Grimm hinauf nicht widersprochen, sondern erhärtet, — daß die Volksmundarten, wie er sich ausdrückt, roh sind, entstanden durch Entartung der Schriftsprache, so war es jedem Geschäftsreisenden, jedem Zeitungscorrespondenten klar, der einmal auf den norddeutschen Bauer hingehorcht oder das Glück gehabt hatte, mitten unter ihnen wohnend sich durch die hochdeutschen Präpositionen hindurchzuarbeiten: daß von allen Dialekten das Plattdeutsche am meisten entartet, am fernsten abgewichen sei und seinen Namen mit Recht verdiene.

Dies ging so weit, daß man den tieferen Wohllaut ganz überhörte, den älteren Schnitt der Sprache ganz übersah. Man nannte das reine tiefe a des Plattdeutschen und seinen Umlaut æ Mischlaute, schrieb sie mit drei oder vier Vocalen oa ao ää öä, und was des Unsinns mehr war, während man das ganz gleichlautende englische a z. B. in water nicht mißbilligt und junge Damen in Pensionen einübt das französische Wort coeur als ein schönes besonders zierlich zu sprechen, da es doch ganz der Vocallaut in unseren Gær ist und nichts Anderes! So sind Vorurtheile, blind und hartnäckig!

So übersah man denn den alterthümlichen Schnitt der plattdeutschen Sprache, eine Eigenthümlichkeit, die veranlaßt hat, daß einzelne plattdeutsche Ausdrücke gerade als die edleren den gleichen hochdeutschen gegenüber in feierlicher Rede gebraucht werden, wie z. B. Odem, Born, Aar u. a. Im täglichen Leben, in der Wissenschaft der Physiologie und Zoologie wird man Athem, Adler sagen. Aber der Redner auf der Kanzel, der Dichter in der Ode wird sprechen vom Odem Gottes, vom Born seiner Gnade, nicht von deren Brunnen. Es hätte also nahe gelegen, da man das Gothische und Altdeutsche lobte, auch im Plattdeutschen das Ehrwürdige zu erkennen. Es ist ja ganz offenbar auf derselben Lautstufe stehen geblieben, und abgesehen davon, daß es in den Dentalen nicht in die häßlichen Zischlaute ausgeartet ist, bleibt Tid gegen Zeit, Tall gegen Zahl, vertelln gegen erzählen dem Ursprunge des Deutschen näher. Aber nicht einmal bemerkte man, wo die Schriftsprache blos aus dem Plattdeutschen übersetzt und falsch übersetzt hatte, wie im Worte Maulwurf, das weder etwas mit Maul noch mit Wurf (abstractum) zu thun hat, sondern Mull (lose Erde), Warp (Werfer) ist. Das Thier kratzt bekanntlich mit den Vorderpfoten, die wie Schaufeln gestaltet sind.

.

Die Politik und die Mundarten.

Die Vlamen in Belgien, die Provenzalen in Frankreich.

Zu allem übrigen kam noch ein ebenso blindes politisches Vorurtheil, das dem Plattdeutschen seine Stellung verkümmerte. Man fürchtete für die Einheit Deutschlands! Als ob eine deutsche Mundart die Veranlassung zur Trennung abgeben könnte! Als ob nicht die Ostseeprovinzen Rußlands, die Schweiz, Elsaß und Lothringen, Luxemburg so gut wie Holland und Belgien dem deutschen Reiche abwendig geworden trotz der Sprache, durch ganz andere reale Mächte. Die Friesen an der Westküste Schleswigs sind von je die besten Deutschen gewesen und geblieben, die Ersten im Kampf gegen Dänemark, obgleich sie ihre (plattdeutsche) Mundart, die noch um eine Stufe der Schriftsprache ferner steht, als das eigentliche Platt, seit Jahrhunderten hartnäckig bewahrt haben. Keinem Engländer fällt es ein, die Walen und Gaelen als nicht (politisch) zu den Engländern zu rechnen oder von ihnen für die Einheit Britanniens zu fürchten, obgleich sie eine Sprache reden, schreiben, in den Schulen lernen, von den Kanzeln hören, die nur in einem entfernten Verwandtschaftsverhältniß zu allen übrigen arischen Sprachen steht und dem Sanskrit oder dem Russischen ebenso nahe wie dem Englischen. Selbst das centralisirte Frankreich, das mit seiner Sprache zwei Jahrhunderte lang die gebildete Welt von ganz Europa, Friedrich den Großen in Berlin wie Katharina die Große in Petersburg, Leibnitz wie Linné beherrschte, hat es keineswegs zur Spracheinheit gebracht. Eduard Bochmer hat in seinem interessanten Büchlein über Provenzalische Poesie der Gegenwart (Halle 1870) nachgewiesen, daß der ganze Süden von Frankreich, zwei Fünftel des geographischen Gebietes, fast ein Drittel der Einwohnerzahl des Reichs (10 Millionen), eine Sprache spricht (die langue d'oc), die dem catalanischen Spanisch verwandter ist als der Pariser Salon- und Buchsprache. Die Pariser hören freilich nicht gerne davon, so wenig wie vom Deutsch in Elsaß und Lothringen. Selbst in den Schulen Südfrankreichs wird gelehrt — tout comme chez nous — die heimische Mundart sei nichts als ein Patois der Buchsprache. Auf dem statistischen Congreß in London 1860 sagte der französische Delegirte auf Interpellation nach der Statistik der Sprache in Frankreich: Wir nehmen nicht an, daß man in Frankreich nicht französisch spricht. In den fünfziger Jahren machte ein Friseur in Agen durch seine Papillotos (Haarwickel, so nannte er seine Gedichte) solches Aufsehen, daß Paris die Augen nicht verschließen konnte. Der Literarhistoriker Saint-Beuve schrieb einen bewundernden Artikel über ihn, nannte ihn den Manzoni langue-docien, 1852 ertheilte ihm die Akademie den großen Preis, ließ ihm eine Medaille schlagen au poète moral et populaire, wie Villemain ihn nannte, der Kaiser ließ ihn kommen, seine Reisen waren Triumphzüge. Ruhmbedeckt, sagt Boehmer, ist er 1864 gestorben. Die Einheit Frankreichs hat trotzdem und trotz der Festlichkeiten, womit sich Catalanen und Provenzalen wie bei uns Dänen und Schleswiger besucht, gefeiert und besungen haben (noch 1868) Jahrhunderte bestanden und wird darum nicht zerfallen.

Wir Sänger der Tau-Sprache — wie ein Gelehrter des 17. Jahrhunderts das Plattdeutsche im Gegensatz zum sigmatisirenden Hochdeutsch nennt — werden das Band, das nun auch politisch das deutsche Reich verbindet, — denn wir sollen hauptsächlich die Friedensstörer sein — daher wohl auch nicht sprengen. Im Gegentheil, wie wir die Allemannen haben lieben lernen, weil Hebel sie uns liebenswürdig in ihrer eigenen Sprache geschildert, so wird das Umgekehrte auch der Fall, und die Dialektschriftsteller werden die sein, welche die deutschen Stämme einander nähern, weil sie sie in ihren Tugenden einander bekannt machen.

Blicken doch schon die Vlamen in Belgien, die sich vom anrückenden Franzosenthum bedroht sehen, auf die plattdeutsche Literatur als auf die letzte Brücke, die zum alten deutschen Vaterlande zurückführt, und wir friedliche Versemacher werden am Ende nun gar Eroberer der am weitesten getrennten deutschen Provinzen.

Man liest in einem Antwerpener Wochenblatt Jeders Belang vom 26. Jan. 1868: Dietsche Beweging. Unter diesem Titel werden wir alle literarischen und politischen Neuigkeiten mittheilen, welche die niederdeutsche Bewegung im Allgemeinen betreffen, nicht blos in Holland und Belgien. Daß es 10—12 Millionen Norddeutsche gibt, deren Muttersprache plattdeutsch ist, weiß jeder Vlaming von einiger Bildung. Aber daß das hörbare oder gesprochene Plattdeutsch für einen Antwerpener z. B. nicht schwerer zu verstehen ist als etwa das Vlamische von Ypern oder Limburg ist nicht so allgemein bekannt. Dies hat Herr Dr. Hansen, der Mittelpunkt des Plattdeutschthums in Antwerpen, unter andern in der Vorrede zur Uebertragung von Groths Rothgeter hinreichend bewiesen. Alles kommt darauf hinaus, daß die plattdeutschen Schriftsteller bisher zu sehr ihrem landschaftlichen Dialekt folgen, und vor allem, daß sie genöthigt gewesen sind, ihre Muttersprache mit hochdeutschen Lettern und Lauten zu schreiben.

Um dies augenscheinlich zu beweisen, theilt der Bericht ein Lied Antwerpener Mundart in plattdeutscher Schreibweise mit, und fährt fort: Man sieht daraus, daß diese Schreibweise uns selbst die bekannte Sprache unkenntlich macht, wie viel mehr das Plattdeutsche, das nur darum so Vielen hier fremd erscheinen muß. Laßt uns aber hoffen, und diese Hoffnung ist nicht ohne Grund, daß die plattdeutschen Schriftsteller sich mehr und mehr der niederländischen Schreibweise annähern mögen, die sie, als Fortsetzer der niedersächsischen Literatur des Mittelalters, beinahe als die ihre betrachten können. Möge aber auch bei uns Niederländern mehr und mehr das Bewußtsein sich stärken, daß wir Niederdeutsche aus Nord, Süd und Ost, Holländer, Belgier und Plattdeutsche ein „dietsch Volk" ausmachen mit Einer Sprache, getrennt in drei Volksmundarten, doch nur noch geschieden in zwei Schriftdialekten. Und ist es nicht ‚machtig schoon' (herrlich) zu denken, bei der Unterdrückung, die wir Vlamingen leiden, daß es nur von einigen Buchstaben, einigen Formen abhängt, um eine Literatur zu stiften, die sich über ein Gebiet von 18 Millionen Lesern erstreckt?"

So die Belgier, bei denen also der Bericht über die „dietſche Bewegung", über die Symptome zur geiſtigen, ſprachlichen Vereinigung mit den Plattdeutſchen zu einem ſtehenden Zeitungsartikel geworden.

Aehnlich die Holländer, die, wenn ſie auch nicht ſich von außen, wie die Belgier, in ihrer Nationalität bedroht, doch ſich iſolirt fühlen. Der gelehrte Dozy ſagt: „Ganz Niederdeutſchland, von der Schelde bis zur Weichſel wird von gleichartigen Stämmen bewohnt"; und Dr. Hanſen, der dies anführt, fährt fort: „das Plattdeutſche iſt von der holländiſchen Schriftſprache nicht weiter entfernt als einige unſerer eigenen Mundarten, und ſollten wir uns der Art nach verſchieden zeigen, weil wir ſtaatlich getrennt ſind? Oder weil Holland nach Profeſſor Fruins Ausſpruch (und dieſer wagt das politiſche Wort auszuſprechen) zu rechter Zeit verſäumt hat, ſich an die Spitze der niederdeutſchen Nation zu ſtellen — dieſe Rolle größtentheils an Preußen überlaſſen hat: wäre dies Geſetz und Regel für die Niederländer ſich jetzt der niederdeutſchen Bewegung nicht anzuſchließen, die ſich in Norddeutſchland geltend macht?"

Den Vlamen iſt ſchon oft der Rath ertheilt — ſowohl von Deutſchen als von ihren eignen Führern — als einziges Rettungsmittel gegen andrängendes Franzoſenthum ſich der hochdeutſchen Sprache und Literatur anzuſchließen. Allein die Kluft zwiſchen Hochdeutſch und Vlamiſch iſt zu groß geworden, ſie kann nur ein Gelehrter noch leicht überſpringen, das Volk nicht mehr. Plattdeutſch dagegen, wie man ſieht, verſteht es noch, und vielleicht nicht ohne Erfolg betreten die Führer des Volks dieſen Weg der Vermittelung zum neuen Anſchluß an's alte Mutterland. Vielleicht iſt die Hoffnung phantaſtiſch. So jedenfalls, wenn ein holländiſcher Gelehrter aus den frieſiſchen Provinzen am Zuiderſee mir dieſer Tage ſchreibt: „Die Gleichheit einer Sprache, die ſich über ein ſo großes Gebiet erſtreckt, von Emden bis Königsberg, iſt wahrlich äußerſt merkwürdig. Dies iſt für mich auch ein neuer Beweis für die Geſchicktheit, welche die niederſächſiſche Sprache beſitzt, um als Schriftſprache eingeführt zu werden, worin ſie ihre hochdeutſche Schweſter übertrifft. In den Ländern des norddeutſchen Bundes müßte das Niederſächſiſche als officielle Schriftſprache eingeführt werden."

Das klingt uns fast zu naiv. Aber eben so naiv war das Streben nach deutscher Einheit bei uns vor 1866. Es war so phantastisch krankhaft sehnsüchtig und haltlos, daß man hoffte, Deutschland in Liedertafeln zusammen zu singen oder fürchtete es in den verschiedenen deutschen Mundarten auseinander zu reden. Ludolf Wienbarg schlug im Gegensatz gegen diesen holländischen Friesen in einer eigenen Broschüre ernsthaft vor, das Plattdeutsche mit Stumpf und Stiel von staatswegen auszurotten, um die Rohheit des Volkes zu vernichten, das durch seine plumpe Sprache niedergehalten werde! Es geschah ihm schon recht, diesem Sohne eines mecklenburger Schmiedes, daß ihn ein Bekannter auf der Straße als „Herr Weinberg" anredete.

Die Mundart und die Pädagogik.
Schicksal des Niederdeutschen in der Fremde und daheim.
Struggle for life.

Zum politischen kam auch noch ein pädagogisches Moment, das Vorurtheil gegen das Plattdeutsche zu stärken. Und leider traf es hier mit viel anderen, guten und schlechten Gründen zusammen, um zum ersten Male praktisch wirksam zu werden und die Art in Wirklichkeit drohend an ein herrliches uraltes Gewächs zu legen. Eitelkeit und demüthige Bescheidenheit im Volke halfen gleichmäßig. Wenn der Landmann, der schlichte Bürger anfing, seine Mundart gering zu schätzen, so war es zwar zu verzeihen; es hatten sich bessere Männer, wie wir sahen, geirrt. Aber hier wurde es gefährlich. Wenn er sein Plattdeutsch nicht für viel besser hielt, als Unkraut, welches Schule und Kirche, Lehrer und Prediger, Kanzel und Katheder, Zeitungen und Bücher, welches mit einem Wort die Bildung auszugäten immerfort bemüht ist, so spricht der Schein allerdings nur zu täuschend für seine Ansicht. Was thut denn der Lehrer anders vom Lesenlernen an? Er gätet Plattdeutsch aus. Er macht die Mundart schweigen. Ein hochdeutsches Verstummen fährt unter das laute plattdeutsche Kindergetöse, wenn er die Schulthür öffnet, lautloser vielleicht noch, wenn der Herr Pastor naht, denn die Kirche ist noch vornehmer als die Schule. Wenn der Landmann seit seinem sechsten Lebensjahre es nicht anders erfahren, was soll er von seiner Muttersprache denken? Wurde ihm nicht wenigstens das Wort im Munde verbessert, wenn es plattdeutsch hervorbrach? War nicht jeder plattdeutsche Laut, jede Silbe, jeder Ausdruck wie ausgerottet aus seinen Lesetabellen, Fibeln, Kinderfreunden, um so sorgfältiger je näher der Religion und der Kirche? Im Gesang- und Gebetbuche, wie von Altar und Kanzel hätte es sein Ohr berührt wie eine Entheiligung. So weit trieb man's! Was sollte er denken von der Sprache, die an seiner Wiege ertönte, die er beim Knabenspiel gebraucht, mit der er seine Pferde und Kühe anredet, auch wohl noch Knecht und Magd? Wenigstens nichts anders als von einem wilden Baumstamm, auf den die Bildung erst das edle Pfropfreis setzen muß: die hochdeutsche Sprache. Der Schein ist von täuschender Wahrheit, und die Bescheidenheit redet ihm das Wort. Täuschender für den Bürger kleinerer und größerer Städte. Dieser sieht sich gar noch im täglichen Verkehr von hochdeutscher Bildung berührt, und es wird ihm praktisch wichtig, hochdeutsch Rede und Antwort stehen zu können, es gibt ihm Befähigung vielleicht selbst zu einer bevorzugten oder einträglichen Stellung.

Auch der Lehrer mag sich irren, dem die Mundart so viele Mühe macht. Immer bricht sie wieder durch, wuchernd wie das Unkraut, achtet weder Grammatik noch deutsche Stilübung, nicht Vornoch Fürwörter, kümmert sich nicht um Fälle noch Unfälle. Wie sollte er nicht oft unwillig werden über den Wildfang, der ihm seine Arbeit erschwert? Schulinspectoren und Prediger stimmen mit ein. Wie hart ist der plattdeutsche Kopf, wie schwerfällig der plattdeutsche Mund. Wie einfach scheint das Mittel, dem Uebel abzuhelfen, wie natürlich der Wunsch, daß das Plattdeutsche dahin verpflanzt werden möge, wo der Pfeffer wächst, und daß die deutsche Christenheit in Zukunft möge hochdeutsch geboren und erzogen werden.

Habent sua fata libelli. Dies alte Wort gilt auch von der Sprache. Wachsthum und Gedeihen oder Verfall und Verkennung hangen nur zum Theil ab vom innern Werth der Sprache und ihrer Träger. Der Zufall — wie wir sagen, wo der historische Verlauf uns unklar bleibt — scheint im Geschicke der Sprachen eine gewaltige Rolle zu spielen. Sprachen d. h. Völker verstummen oder zertrümmern bald als Sieger bald als Besiegte. Sie mischen sich, hier als die herrschende Art, dort als die unterliegende, sind bald Einschlag, bald Kette in dem Gewebe. Als die Römer Gallien eroberten, da verdrängte ihre Sprache, das vulgaire Latein der Legionen das einheimische Keltisch (Gallisch) so vollständig, daß nur wenige

Vocabeln davon nachgeblieben sind. Nachdem die deutschen Franken das romanisirte Volk unterworfen, behielt es seine Adoptivsprache und bezwang damit seine Sieger: die Sprache Frankreichs blieb romanisch. Man bequemte sich wohl dem Sieger an, indem man seine Begriffe, seine Sprachanschauung aufnahm, aber man kleidete sie in heimische lateinische Worte, wenn die romanische Zunge den deutschen Laut nicht bezwingen konnte. Z. B. machte der Franzose aus dem unaussprechlichen deutschen Zukunft wörtlich a venir, da er doch sonst sein futur (um) für den Begriff besitzt. Oder man änderte den Laut so weit, bis er der Zunge geläufig und machte z. B. auberge aus Herberge (wo man das Heer birgt). Aber die Construction, oder sagen wir die Grammatik blieb römisch, das Wesen der Sprache undeutsch.

Aehnlich den Franken im mittleren Gallien erging es den Dänen (Normännern) in der Normandie. Man sprach dort noch im 10. Jahrhundert dänisch neben dem „Latin". Bald aber unterlag die Sprache der Sieger, und als Wilhelm der Eroberer nach England kam, war seine Sprache und die seines Heeres schon französisch d. h. romanisch.

In England hatte umgekehrt das germanische Element, hatte die plattdeutsche Sprache der Sachsen und Friesen das einheimische Gaelisch (Walisch) größtentheils verdrängt oder aufgesogen. Hier begann ein neuer Kampf zwischen den beiden Elementen. Aber hier war das plattdeutsche Element so zähe, daß das besiegte Volk wiederum die Sprache der Sieger bezwang und sie neu germanisirte. Wohl entstand eine Mengung, aber mit deutlich erkennbarem Ursprunge der Theile, die sich niemals gänzlich chemisch verbanden. Es blieb ein Gewebe, worin das Deutsche die Kette bildet, das Französische blos den Einschlag. Das Deutsche gibt Regel und Grammatik, das Romanische muß sich dem einfügen. Oft schwimmen im Englischen die romanischen Elemente unvermittelt komisch im germanischen Sprachstrome wie Oeltropfen im Wasser. Z. B. Der Landmann Englands hatte mit seinem Hausvieh die plattdeutschen Namen aus Schleswig, Holstein oder aus welcher Ecke (angelus) er gekommen war, mitgebracht. Nun erschien mit dem Eroberer der damals schon mächtige französische Koch oder Restaurant und zwang ihm für die Küche fremde Namen für das Thier im Topf und auf der Tafel auf: beef (boeuf), motton (monton), porc für sein plattdeutsches swine, sheep (Schap), ox. In welchem Maße die englische Sprache eine bloße Emulsion von zwei widerstrebenden Elementen, plattdeutsch und französisch ist, das zeigen am deutlichsten die älteren englischen Classiker. Chaucer aus dem 14. Jahrhundert ist uns Plattdeutschen leichter verständlich als dem gebornen Engländer. Was sein Herausgeber Thomas Tyrwhitt in Anmerkungen erläutern muß, das sind die Ausdrücke, die bei uns noch täglich gebräuchlich sind, wie söt holt ram (Rambuck) foules (Vageln). Der erste Gesang seiner berühmten Canterbury Tales (Canterburys Vertelln) beginnt:

Whann that April with his shoures sote
Wenn April mit sin söten (Regen)schuern
The droughte of March hath perced to the rote,
De Trögde vun den März hett dörchbrungen bet to de Wurtel,
And smale foules maken melodie,
Un lüttje Vageln maken Melodie,
That slepen alle night with open eye,
De slepen alle Nacht mit apen Ogen,
Than longen folk to gon on pilgrimages
Denn lengt dat Volk to gan op Reisen ꝛc.

Man muß blind sein oder blind sein wollen, wenn man hier nicht fast Wort um Wort den Wechsel von romanisch und germanisch erkennt. Es kommt Einem in Chaucer mitunter vor, als spräche ein Holsteiner im Colosseum in Rom mit seinem italienischen Führer, wie Lessing es nennt in seinem Anti-Goeze: im Kanzeldialog, wo wenigstens Einer spricht ohne den Andern zu verstehen, oder sie würfeln ihre Worte wie Karten zum Spiel untereinander.

Das naive Volk spricht ohne viel über seine Sprache zu denken. Dem Sprachgelehrten mußte diese Mischung von römischen und deutschen Elementen in der englischen Schriftsprache gleich im ersten Stadium auffallen, um so mehr, als die Mundart im Volke mehr rein deutsch geblieben ist, ja im Volke die französischen Ausdrücke fast nur wie bei uns Fremdwörter und Kunstausdrücke gebraucht werden. Samuel Johnson, der große Kritiker und Lexikograph, der Freund von Goldsmith, Fielding und ihren Zeitgenossen, den ersten ältesten Romanschreibern Englands, hielt die romanischen Elemente des Englischen für die eigentliche Sprache — verleitet natürlich auch dort durch die Vornehmheit der Schriftsprache. Und durch sein Ansehen, sein großes Wörterbuch, das erste in England, durch seine Novellen, die er, wie z. B. den Rasselas, prince of Abessynia, in dieser Absicht schrieb, gewann seine Ansicht, namentlich in den vornehmeren Ständen, lange Zeit das Uebergewicht, bis dann der Gegenschlag kam, der in neuerer Zeit, namentlich in America, so weit geht, daß man in Schriften und Reden dafür plaidirt*) und es als das gewisse Endziel aufstellt, dem die Natur der Sprache von selbst zusteuert: alle romanischen Elemente auszumerzen, eine Arbeit freilich schwieriger noch als die unserer deutschen Puristen seit 200 Jahren. Aber selbst wenn sie nicht gelingt, so ist die englische Sprache, diejenige von den europäischen Cultursprachen, welche auf Erden am meisten verbreitet ist, die weiteste Herrschaft errungen hat, dem Wesen nach Plattdeutsch, denn wie Max Müller bemerkt, ihre Grammatik ist es. Darum macht sie, besonders die gesprochene Mundart, unserem Volke so wenig Schwierigkeit, Schiffer der Ost- und Nordsee, die sich nur einige Wochen in einem englischen Hafen aufgehalten, sprechen sie sogleich. Und schon dies allein müßte hinreichen, das heimische Platt nicht verschwinden zu lassen, damit wir uns nicht willkürlich unseren mächtigen Vettern und ihren Colonien über den ganzen Erdboden entfremden.

Bei dieser Herrschaft draußen im Kampfe mit fremden Elementen ist die untergeordnete Stellung des Plattdeutschen daheim der Schwestersprache gegenüber um so auffallender. Nicht gegenwärtig, wo im Hochdeutschen sich die ganze germanische Cultur in Poesie und Wissenschaft ausgeprägt hat. Aber im Anfange unserer neudeutschen Literaturperiode. Als Opitz und die erste schlesische Dichterschule ihre Reimereien anfingen, da war so gut tabula rasa im Hochdeutschen wie im Platt. Es ist scheinbar gar kein Grund vorhanden, warum nicht ein großer Theil der Dichter dieser ersten schlesischen Schule eben so gut in nieder- als in oberdeutschem Dialekt

---

*) Interessant ist es, daß Americaner behaupten, unser deutscher Landsmann Senator Schurz verbessere durch seine herrlichen Reden die englisch-americanische Sprache.

ihre Uebungen machten. Die lutherische Bibelübersetzung, Kirchen- und Schulsprache hinderten gar nicht daran. Man las die Bibel wie gesagt im ganzen Norden plattdeutsch, man predigte und lehrte so. Im Verkehrsleben standen beide Idiome ebenso gleichberechtigt da. In den besten Familien abligen und bürgerlichen Geschlechts war die Umgangssprache plattdeutsch, diplomatische Actenstücke, Verträge, Bürgereide, Chroniken, Inschriften, alles war im Norden und Westen platt. Im Gegentheil sind vielmehr außerdem noch Gründe vorhanden, aus denen man schließen sollte, daß die Entwicklung des Plattdeutschen zur neuen Schriftsprache näher gelegen. Die literarische Bewegung ging von plattdeutschen Landen, von Holland aus. Der geschäftliche Verkehr mit Holland war hier viel lebhafter als mit Schlesien, das den Meisten damals nur ein geographischer Begriff war. Stadtviertel in Hamburg, wie der holländische Brok, mögen davon Zeugniß ablegen, Institute, wie die holländische Armengesellschaft, die noch existirt, Liebhabereien, wie die für holländische Blumenzwiebeln, Tulpen an der Spitze, holländische Waaren, wie „Bergenopzom" (eine Art Düffel), holländischer Tabak Thonpfeifen, Thee und Kaffee. Ja, das Theater war eine Nach- ahmung des alten Amsterdamer. Wir verstanden die Heinsius, Vondel und Catts, von denen Opitz erklärtermaßen die Anregung empfing und seine Wissenschaft und Kunst von deutscher Poeterey bezog, gerade so gut in der Ursprache als in Opitz'scher Uebersetzung. Nicht Breslau, sondern Leyden war und blieb die Hochschule noch hundert Jahre lang, woher selbst Canitz und Brockes ihre deutsche Verskunst herholten. Ja, eine große, vielleicht die größte Zahl der sogenannten Dichter der ersten Schlesischen Schule, wie Simon Dach, Rist, Rachel waren geborene Plattdeutsche. Mehrere von ihnen haben sogar ebensowohl plattdeutsche als hochdeutsche Verse gemacht. Von Rachel aus Heide gilt die Sage, finden sich vielleicht auch noch Proben in der Hamburger Bibliothek, und das einzige Gedicht von Simon Dach, am andern Ende des plattdeutschen Ge- biets, aus Königsberg, das in Wahrheit den Untergang der ganzen Schule überlebt hat, das Aennchen von Tharau ist plattdeutsch).

Hier steht die Geschichte der Sprache vor einem Räthsel. Mit dem einfachen Naturgesetze Darwins, wie geistreiche Sprachforscher neuerer Zeit, wie z. B. Schleicher versuchen, daß the fittest survive, kommt man nicht durch. Man fragt sich vergeblich nach einem Grunde, warum diese Rist, Rachel, Simon Dach, diese Poeten aus Schleswig, Holstein, Ditmarschen, Hamburg*), die „Niedersachsen", wie sie sich in einer mehrbändigen Sammlung ihrer Verse nannten oder nennen ließen, warum sie ihre Gedanken, nur wenn sie reimten hochdeutsch aussprachen. Der alte Rachel hat gewiß in der Domschule in Schleswig seinen Horaz und Juvenal plattdeutsch interpretirt und übersetzen lassen. Aber wenn er ihn in Versen nachahmt, so geschieht es in schlesischer Sprache. Während gleichzeitig keine drei Meilen von seinem Geburtsorte Heide der Pastor Johannes Adolfi in Büsum, genannt Neocorus, nicht weniger wie Rachel ausgerüstet mit Gelehrsamkeit und Beredtsamkeit, seine zweibändige Chronik des Landes Ditmarschen in plattdeutscher Sprache schreibt. Dabei eifert Rachel ganz wie Opitz, Buchner, Morhof (Professor in Kiel) für die rechte Reinigkeit und Dignität der hochdeutschen Schriftsprache, z. B. in einer seiner Satiren gegen seinen Zeitgenossen, den Hamburger Philipp von Zesen als Hyperpuristen, der selbst die griechischen Götternamen verdeutschte, Vulcan als Glutfang, Venus als Freie, Amor als Liebreiz, Mars als Heldreich übersetzte; oder gegen französirende Sprachmengerei, wo er seine poetische Figur „einen braven Capitain" also reden läßt:

    Ça maitre, mache mir, en façon der Franzosen
    Für gut contentement ein Paar geraumer Hosen.

Dieser brave Capitain war gewiß kein Büsumer oder Tönniger, kein Landsmann des Dichters — denn noch jetzt spricht jeder Schiffscapitain nichts anderes als gutes reines Plattdeutsch —, sondern wie Sprache und Dichtung Rachels und aller seiner Collegen der schlesischen Schule ein fingirtes Wesen, das in der Wirklichkeit der Umgebung gar keinen Halt oder Gegenstand hatte. Man that einmal so und sprach einmal so, seit man à la Opitz Verse machte, es war eine Art exercitium, wie es kurz vorher und fast von allen, z. B. Opitz, Flemming (von welchem letzteren noch kürzlich Lappenberg

---

*) Sogar ein Däne Lund aus Lngumkloster und eine Friesin Anna Hoyer.

seine lateinischen Gedichte herausgegeben) auch noch gleichzeitig das Versemachen in lateinischer Sprache war.

Durch diesen dunklen Nachahmungstrieb, der unbesehens macht was Andere ihm vormachen und von der Neigung des Deutschen sich selbst nicht zu achten und das Ideal in der Ferne zu suchen, scheint es, wurde das Schicksal der heimischen Sprache bestimmt. Oder wirkte schon damals der Name Platt, falsch verstanden wie noch jetzt vielerwärts, die alte Sachsensprache als Bauerndeutsch verachtet zu machen und nach einer höheren Mundart zu geizen? Dann möchte man mit um so mehr Recht sagen: Habent sua fata linguae. Und das Räthsel wird um so weniger lösbar, als sehr bald Kenner und Freunde des Plattdeutschen anstraten, die, wie Moscherosch für die Sprache im Südwesten, diese für die des Nordens gegen die bloße Modesprache des schlesischen Neuhochdeutsch laut die Stimme erhoben.

Eine der Berühmtheiten dieser Art ist der Meckelnburger Lauremberg, der in seinen Scherzgedichten Mitte des siebzehnten Jahrhunderts singt:

>Wat hett man vaer Argument un Gründe,
>Darmit Jemand richtig bewiesen künde,
>De Meening, dat von hochdütscher Sprake mehr,
>Als unse nedderdütsche to holen weer?
>Ju meent, dat Juwe Sprak scholl zierlich sin,
>Un holt so vel dervan, as van den Strund en Swin.
>Wat künde Ji vor Wör herreten,
>De wi nich zierlich as Ji künnt spreken?
>Is nich unse Moder so gut as Juwe Mutter?
>Min Foder smeckt min Veh so gut, as Juwe Futter.
>Doch mögen Ji weten un löwen gewiß,
>Dat mennig statlich Bok geschrewen is
>In unse nedderdütsche Tungemalen,
>Darut man kann Verstand un Wißheit halen.
>In weltlicher Wißheit is keen Bok geschreven,
>Dem man billig mehr Rohm un Loff kann geven,
>Als Reinke Voß: en slicht Bok, darinnen
>To sehn is en Spegel hoger Sinnen:
>Verständigkeit in dem ringen Gedicht
>Als en dürbar Schatt verborgen liggt,
>Glik as dat Für schult in der Asche,
>Un gülden Pennige in en smerrige Tasche.

Man hett sik twars tomartert, dat Bot to bringen
In hochdütsche Sprak, men et will nich klingen.
It klappt gegen't Original to reken,
As wenn man pleggt en Stück ful Holt to breken,
Oder smitt en olen Putt gegen de Wand.
Dat makt de wil Ju is unbekannt
De natürliche Egenschop der sulwen Rede,
Welke de angebarne Zierlichkeit bringt mede.

Schwerfällige Abhandlungen von Gelehrten, Schulprogramme, Doctordissertationen, oft in lateinischer Sprache, folgten bald diesen lebhaften Ausbrüchen des Poeten, und bald war der Streit um den Vorrang der beiden Hauptmundarten Deutschlands ein ergiebiges Feld für Sprachforscher, Historiker, Politiker und Pädagogen.

Vor mir liegt eine lateinische Disputation von Bernhard Raupach aus Tondern im nordwestlichen Schleswig, hart an der Grenze des deutschen Gebiets gegen jütische Dänen, aus dem Jahre 1704 unter dem Titel: Von unbilliger Verachtung der plattdeutschen Sprache, 74 Quartseiten voller Gelehrsamkeit und voll begeisterten Lobes des Plattdeutschen: Ego sane, sagt der Verfasser, quando eandem proferri audio, tantam mihi videor in eadem observare sermonis elegantiam (Zierlichkeit, sagt Lauremberg), tantam verborum suavitatem et amoenitatem, ut vel ipsos Misnicos eandem nitore suo superare mihi persvaderem. Ihm scheint das Plattdeutsche eleganter und wohlklingender als selbst der Meißnische Dialekt des Hochdeutschen, der bekanntlich damals — wiederum ganz ohne Grund, und wie aus Laune, denn er ist der schlechtest gesprochene Dialekt von ganz Deutschland immer gewesen und jetzt dafür berüchtigt — und noch lange für das beste Deutsch galt, in jedem Geographiebuch, jeder Reisebeschreibung und wo sich sonst dazu Gelegenheit fand, von Grammatiken ganz abgesehen, (und man brach damals die Gelegenheit von jedem Zaune, um über deutsche Sprache seine Meinung abzugeben, so sehr war es Modesache) so beschrieben ward, daß es mir noch in den fünfziger Jahren passirt ist, einem vornehmen Engländer zu begegnen, der, in seiner Lectüre deutscher Bücher um ein Jahrhundert zurück, seine Söhne nach Meißen führte, damit sie dort das beste Deutsch lernten.

Wissenschaftlichen Werth haben diese Streitschriften so gut wie keinen. Die Sprachwissenschaft war noch viel zu weit zurück, — und sie ist am Ende die einzige Autorität in diesen Dingen — als daß man etwas Anderes zu hören bekam als Gefühlsausbrüche über die Schönheit oder die unwürdige Vernachlässigung des Plattdeutschen, oder das Gegentheil davon. Hin und wieder steigerte sich die erhabene Begeisterung bis an's Komische. So drückt der gelehrte Johann Goropius, der Holländer, die Verehrung für seine niedersächsische Muttersprache dadurch aus, daß er behauptet, Adam im Paradiese habe unzweifelhaft niederdeutsch geredet.

Praktischen Erfolg hatten sie eben so wenig. Was die Leute wollten, war ihnen entweder unklar, oder es war unmöglich. Das Schicksal der plattdeutschen Sprache war schon entschieden, als Bernhard Raupach seine Lamentationen de linguae Saxoniae inferioris neglectu atque contemtu injusto schrieb, entschieden ein halbes Jahrhundert, bevor eins unserer classischen Werke in hochdeutscher Sprache geschrieben wurde, die doch erst seitdem mit Recht als die Trägerin und Herrscherin deutscher Bildung gelten kann, mehr als 25 Jahre, bevor Gottsched es aussprach, daß es nothwendig sei, eine deutsche Literatur zu schaffen, die also nicht vorhanden war. Und es ist bezeichnend, daß Gottsched wie seine nicht weniger thätige Frau geborene Plattdeutsche waren, die das Hochdeutsche erst erlernen mußten, etwa wie jetzt ein Holländer, und daß die Frau, die zunächst französisch gelernt haben mochte, von ihm getadelt werden muß, daß sie besser und lieber französische Briefe schreibe als deutsche. Es blieben leere Lob- und Klagelieder, wie sie ebenso Nathan Chyträus in der Vorrede zu seinem niederdeutschen Wörterbuche anstimmt oder der gelehrte Professor Morhof in Kiel in seinem Unterricht von der deutschen Sprache. Nur selten hat von den Vielen dieser Art Einer so viel unbeirrten Blick, um ausführbare Vorschläge vorzubringen, wie z. B. der berühmte Joh. Dav. Michaelis, der in einer akademischen Rede den Wunsch ausspricht, daß die Gesetze in platt- und hochdeutscher Sprache publicirt werden möchten. Durch eine Reihe ähnlicher verständiger Vorschläge auf anderen praktischen Gebieten hätte man zur Erhaltung der Sprache, für deren Ehre man lamentirte, bedeutungsvoll wirksam sein können. Man hätte sie für einen Theil feierlicher, kirchlicher und bürgerlicher Geschäfte retten und ihr damit ihren Nimbus, den sie damals bei feierlichen Eiden, Ausrufen, Ankündigungen noch immer besaß, erretten können, — eine Sache von unberechenbarer Wichtigkeit in den Augen des conservativen Landvolkes.

Aber damit hätte sich keiner von diesen Schwärmern begnügt. Wenn sie etwas wollten, so wollten sie die Stellung der herandrängenden Schriftsprache für das Plattdeutsch. Sie stellten sich dem Hochdeutsch feindlich gegenüber.

Und dies unterscheidet sie gänzlich von uns Neuplattdeutschen. Wir wollen nicht streiten, sondern versöhnen; wir wollen nicht Eins verdrängen, sondern Beides erhalten. Wir wollen nicht einmal eine zweite Schriftsprache neben dem Hochdeutsch, sondern wir wollen die Mundart im Platt, wenn nöthig auch schriftlich und im Druck, am liebsten gelesen und gesprochen.

Wenn jene Rachel, Rist, Lund, Simon Dach und wie die plattdeutschen Dichter der ersten Periode, die hochdeutsch schrieben, alle heißen, wenn sie ihre Verse damals in plattdeutscher Sprache gemacht, wie Lauremberg, so hätten sie höchstens etwas geschaffen, was das Gebiet des Hochdeutschen einengte, wie die holländische und vlamische Literatur der hochdeutschen einige Millionen Leser und Arbeiter entzieht. Man hätte übersetzen müssen, wie man Luthers Bibel plattdeutsch übertrug, was werthvoll war, in's Hochdeutsche. Wenn Reuter und ich nebst unseren Collegen ganze Bibliotheken zusammenschrieben, so thäten wir der hochdeutschen Literatur keinen Abbruch. Denn wir wollen etwas schaffen, was sich in der Schriftsprache nicht schaffen läßt. Und uns übersetzen heißt die Farbe von unsern Gemälden wischen, um derentwillen wir nach der Mundart gegriffen. Denn sonst hätten wir ja sämmtlich nur selber es gleich hochdeutsch schreiben können.

Wir wollen vielmehr der deutschen Literatur etwas zuführen, was die schriftdeutsche für sich nicht gewähren kann, wir wollen die hochdeutsche erweitern zu einer allgemein deutschen.

Ja wir meinen nicht blos für die Literatur als solche direct, wir meinen auch für die Gesammtsprache einen der Haupt-feeders (Zuleiter, wie Max Müller sich ausdrückt) offen zu halten, einen

Verjüngungsstrom für die leicht alternde, wie sie eben durch die besonderen Schicksale des Plattdeutschen keiner andern Schriftsprache zur Seite fließt oder floß, denn selbst das Jonische in Griechenland hatte aus der dorischen Mundart nicht diese Ergänzung und Erquickung, wie sie das Hochdeutsche bei richtiger Erkenntniß und Ausnutzung am Plattdeutschen haben kann.

Uebergang nicht Untergang.

Die Stellung der Schriftsteller und der Freunde des Plattdeutschen ist, wie wir sahen, eine gänzlich veränderte, denn das Verhältniß der Sprache ist verändert. Seitdem der Traum einer deutschen Nationalliteratur zur Wirklichkeit geworden, seitdem in Uebersetzungen und Originalwerken deutscher Geist sich ausgeprägt, deutsche Bildung Form gewonnen, verstummte die plattdeutsche Sprache im Buchgebrauch. Sie sank in den Augen ihrer enthusiastischen Verehrer immer mehr in die Stellung einer dienenden Magd, in den Augen derer, die sie oder ihren Werth nicht kannten, zur „Rohheit einer bloßen Mundart" herab. Beides gleich falsche Ansichten. Sie diente wohl ihrer Schwester, aber nicht als Magd: sondern oft mit ihrem eigenen Schmuck, wenn der ihrige nicht reichte oder nicht paßte. Sie flüsterte ihr die Melodie des sächsischen Wohlklanges zu, als sie mit dem Munde derer Bürger, Hölty und anderer begeisterter Jünger des Hainbundes versuchte die tiefen Melodien des echten Balladentones zu singen, mit Schlegel dem Shakespeare nachzureden oder die Musik italienischer Strophen und Sonette nachzubilden. Sie lieh Johann Heinrich Voß in den Anschauungen des Marsch- und Seelebens durch den Mund der plattdeutschen Fischer und Schiffer die Ausdrücke für seine Uebersetzung des Homer. Sie selber, die plattdeutsche alte Hansa- und Seesprache, ging der vornehmen Schwester im tiefen Schweigen ohne Neid zur Seite, verwarnte sie mit ihren gesunden Sinnen vor Ueberstürzung, vor leeren Phrasen, vor falschen Bildern, worein z. B. das elegante Französisch bis zu einem Maße versank, daß dort die echte Lyrik unmöglich geworden ist. Wie sehr sie durch ihren Wort- und Redeschatz die Schriftsprache in jener glücklichen neidlosen Zeit bereichert hat, das ist im Einzelnen kaum nachzuweisen. Denn nicht ein Schriftsteller von Namen tritt auf —

und der Norden lieferte damals ein starkes Contingent für Dichter, Philosophen, Historiker, Redner — der nicht aus der Heimat, aus der Kindererinnerung, aus dem Studentengespräch Worte und Wendungen mitbrachte und der Schriftsprache anbequemte; denn Alle waren damals noch plattdeutsch erzogen, und es war die Zeit, wo man an den Formen der Sprache arbeitete, wie man's jetzt nicht mehr nöthig hat. War doch ein neuer schöner Reim, eine wohlklingende Allusion damals im Hainbunde wie ein Fund. Der aufmerksame Leser achte z. B. einmal in Barthold Niebuhrs Briefen auf seine Provinzialismen. Dort fließt oft noch manches unharmonisch aus dem Plattdeutschen ein in die hochdeutsche Rede. In seinen großen Geschichtswerken ist dies abgeglättet, aber nicht verschwunden. Die Uebersetzer zumal gingen direct und mit Bewußtsein darauf aus, die nordische Mundart für ihren starken Wortverbrauch für neue Begriffe auszubeuten. Bode z. B., der Freund Lessings, mit dem zusammen er in Hamburg eine Druckerei anlegte, und seine Uebertragungen des Smollet und des Sterne aus dem Englischen und des Montaigne aus dem Französischen berieth (Lessing z. B. machte ihm geradezu das Wort empfindsam für die Uebersetzung des Titels Sentimental journey) hat mit klarem Bewußtsein und Absicht das Plattdeutsche für die Schriftsprache benutzt und diese dadurch bereichert. Sein Biograph Böttiger sagt in Bezug auf seine Uebersetzung von Humphrey Klinkers Reisen: Es war gewiß nicht das Werk eines gemeinen Uebersetzers, die seinen Mitteltinten und Schattirungen nachzubilden, mit welchen Smollet selbst die fünf [brief]schreibenden Personen seiner höchst originellen Familie sich so fein von einander abstufen, und doch in gewissen Familienzügen ganz ähnlich sehen läßt. Und welche innige Bekanntschaft mit der Sprache und den Sitten der Süd- und Nordbritten setzte die Verpflanzung eines Werkes auf fremden Boden voraus, das die unparteiischen durch kein Nationalvorurtheil gegen die Schotten geblendeten Engländer selbst für das getreueste Gemälde ihrer Nationalthorheiten, Lebensart und häuslichen Einrichtungen halten. Bode besiegte alle diese Schwierigkeiten mit einer solchen Gewandtheit, daß man schwerlich durch alle drei Bände auch nur auf eine Zeile stößt, in der man blos den Uebersetzer sprechen hörte. Ueberall, es mag der gutmüthige

Murrkopf, der Squire Bramble, selbst knurren, oder der rasche Brausekopf, Milford, die Menschen um sich her mit seinem Studentenmaßstab messen, oder die zarte Libby ihre verliebten Klagen aushauchen, oder die manntolle Tabitha ihre hochadlige Nase rümpfen, oder das hysterische Kammermädchen ihr Kauderwelsch zu Papier bringen, überall weiß der Deutsche, dem der Schatz seiner Muttersprache in allen Mundarten in jedem Augenblick zu Gebote steht, für jeden auch noch so unübersetzbaren Familienidiotismus Rath und Auskunft zu schaffen. Er ist in Küche und Keller, beim schottischen Haberkuchen und beim Londoner Schildkrötenschmause, beim Apotheker und Gärtner zu Hause, und hat überall den Leuten auf's Maul gesehen, um ihnen ihre eigenthümlichen Kunstausdrücke abzuhorchen. Natürlich mußte er hierbei oft zu der ihn zunächst umschallenden Mundart seine Zuflucht nehmen, und vielen niedersächsischen Provinzialausdrücken das Bürgerrecht in der deutschen Schriftsprache ertheilen, weil er nur dadurch das drollige, malerische und niedrigkomische seines Originals erreichbar machen konnte. Nur ein obersächsischer Purist, der es vergaß, was Lessing oft zu sagen pflegte, daß er den ganzen Umfang seiner Muttersprache erst in Hamburg kennen gelernt habe, konnte Boden, wie es wirklich geschehen ist, aus einer Einbürgerung ein Verbrechen machen, wegen welcher ihm vielmehr eine grammatische Bürgerkrone ob servatas voces von einem Leibnitz'schen Sprachtribunal*) zuerkannt worden wäre. Ganz anders urtheilte Bodes älterer Zeitgenosse, Ebert, der als tiefer Sprachkenner und wohlerfahrener Uebersetzer hier wohl so gut als irgend jemand, eine vollgültige Stimme hatte. Er schrieb dem Uebersetzer, als er den Klinker nach seiner Art mit vielem Bedacht durchstudirt hatte: „ich würde alle, die verfassungsmäßig in unsere Zunft aufgenommen werden wollen, täglich einige Seiten aus dem englischen Klinker übersetzen, und dann bei Ihnen in die Schule gehen lassen."

---

*) Siehe Leibnitz unvorgreifliche Gedanken über die Verbesserung der deutschen Sprache in den Beyvielen zur deutschen Sprache von der Berl. Akademie der Wissenschaften, 1. Sammlung S. 55. Mehreren niedersächsischen Wörtern, die Herr Gedike in dieser Sammlung S. 323 ff. der Aufnahme würdig findet, hatte Bode wirklich schon hie und da in seinen Uebersetzungen den Passirzettel ertheilt.

Man hat Angaben über den ungefähren Wortverbrauch verschiedener Stände und Individuen zum Ausdruck ihres Gedankenkreises, besonders englische Philologen haben sich die Mühe gegeben Nachzählungen der Art anzustellen. Danach soll, wie Max Müller angibt, ein Arbeitsmann mit 300 Wörtern auskommen, das Libretto (Textbuch) einer italienischen Oper enthält durchschnittlich 650 Wörter, ein Mann mit Universitätsbildung soll etwa 3—4000 Vocabeln nöthig haben, Milton 8000, Shakespeare 15000 gebraucht haben und in Fluegels englischem Wörterbuch sollen sich hunderttausend Wörter finden.

Es würde interessant sein zu wissen, wie viel Procent zum jetzigen schriftdeutschen Wortvorrath die plattdeutsche Sprache seit dem Anfang unserer classischen Literatur, also seit Lessing, geliefert hat Er ist nicht gering. Aber es wäre schwierig, selbst mit dem Grimm'schen Wörterbuch vor sich und etwa dem Bremischen Plattdeutschen zur Seite diesen Zusatz auszuscheiden; die Mischung ist nicht wie romanisch und angelsächsisch im Englischen. Beide Elemente sind urdeutsch und fast jedes plattdeutsche Wort durch Lautwandel in hochdeutsches Gewand zu kleiden. Eine Empfindung über den Zuwachs an Ausdrücken im Schriftdeutsch, namentlich in der Dichtersprache, kann sich aber Jeder verschaffen, der mit Aufmerksamkeit einen Poeten älterer Zeit, z. B. etwa Gellert mit einem Zeitgenossen vergleicht. Eine Nachzählung würde bei den Schriftstellern vor Lessing eine erstaunliche Armuth an Vocabeln nachweisen. Es fehlt namentlich an farbreichen Ausdrücken, und gerade von diesem wichtigsten Material die Sprache zu beleben hat die Mundart, ganz besonders die damals noch wenig ausgebeutete plattdeutsche, der Buchsprache nachgeliefert. Weniger noch wären die Redensarten nach ihrer Entstehung zu scheiden, als die einzelnen Vocabeln.

Schwestersprachen.

Am wichtigsten wird es für die Buchsprache, daß ihr eine Schwester mit reich ausgebildeten Mundarten immer erfrischend zur Seite geht, eine Schwester, die bei weniger Bildung gesunden Sinn bewahrt hat, die nur spricht, nur Laute hat, keine Buchstaben, die alles erst sieht und dann hörend nachschafft. Wie könnte z. B. ein mundartiger Dichter dazu kommen, wie Graf Platen oder Lord Byron, Reime zu schreiben, die nur für's Auge da sind? Sprache ist Klang, nicht Augenschrift. Dies geht bis zum Tone einzelner Consonanten und Vocale. Wenn man dem gröberen Volksmunde nicht mit Unrecht vorwirft, daß er einzelne Laute „breit" ausspricht (obgleich kein Gebildeter Einem sagen kann, was er unter „breit" versteht), so ist es andererseits ebensowenig zu leugnen, daß die verfeinerte Aussprache einzelne Laute verwischt und verdünnt, die der kraftvolle Volksmund allein noch erhält, bis man vielleicht, aufmerksam geworden am Culturtische, dort wieder lernt und die schlaffen Muskeln nachübt. Z. B. das reine schöne Zungen-r, wie der Franzose (Spanier und Italiener ebenso) es fast manirirt (aber wohlklingend und kräftig) ausspricht und in seiner grrande nation damit unsern Soldaten lächerlich geworden, wird bei uns im Norden, ebenso wie das schöne tiefere a fast nur von Predigern auf der Kanzel noch schön klar vernommen, wohlbemerkt: die fast alle vom Lande stammen; bei cultivirten Städtern hört man nur noch einen Laut aus der Gurgel, mehr Loch als Consonant, den der Gesanglehrer mitunter vergeblich wieder der schönen Damenkehle abzugewöhnen sucht, der es den Gesang entstellt. Komisch ist dabei der Kampf der Gesanglehrer (meistens Mitteldeutsche) wiederum für ihr schlechtes scht statt st, während sie italienisch, französisch oder englisch das norddeutsche st singen lassen — wie die Italiener selbst es singen.

Das Wort verbraucht sich. Das vielgebrauchte wird zum Zeichen wie x und y in der Mathematik. Wer hat Zeit dazu, noch etwas Besonderes dabei zu denken, als was es bezeichnet als terminus? Ursprünglich war jedes Wort ein Bild. Es zeichnete, es bezeichnete einen Gegenstand, einen Vorgang nach einer charakteristischen Eigenschaft: es numerirte ihn nicht wie einen Packen für's Gedächtniß zum Wiederfinden. Dies Gemälde ist meistens älter als alle Schrift, die später den Laut photographirte; älter als alles menschliche Wissen und historische Erinnern. Die Farbe ist oft schon aufgetragen, ehe die arischen Stämme aus ihrer Urheimat in Asien auswanderten. Kein Wunder, wenn sie manchmal verwischt ist. Wer weiß noch, daß Tochter (Sanskrit duhitar) ursprünglich die Melkerin bedeutete, Korn das Gemahlene, Zeus, Dis (Dinstag, Sanskrit dyaus) den hellen Himmel? Aber wer fühlt auch nicht sogleich das Poetische in diesem malerischen Elemente des Wortes, der Sprache. Ja, man fühlt es wirklich als ein „lebendiges Wort" in dieser zeichnenden Kraft, während z. B. jedes Fremdwort als solches für den Deutschen todt ist, wenn man's nicht künstlich belebt. Aber jedes Wort stirbt ab zum bloßen Zeichen durch häufigen Gebrauch; die Wissenschaft tödtet es, mit Recht, denn sie will Sachen denken, nicht mit Zeichen spielen wie die Poesie; ihre Sprache steht der dichterischen feindlich gegenüber. Die Wissenschaft will sie durchsichtig, die Poesie braucht sie farbenreich, und nur bis zu einem gewissen Grade läßt sich beides vereinigen. Der Franzose hat es in der Abstraction so weit gebracht, daß er in seiner Sprache fast wie in lauter Fremdwörtern denkt. Es ist daher möglich, wie Zeitungen uns berichten, daß man in Paris von einer amnestie spricht und armistice meint, denn das Wort zeichnet nicht wie unser Waffenstillstand. Er spricht daher in Formeln, die er gedächtnißmäßig lernt wie die einzelne Vocabel: nirgends sind deshalb so viele Phrasen in der Sprache als in Frankreich. Man sieht, wie tief der Charakter der Sprache eingreift in's Geistesleben des Volkes, tiefer als man es bis dahin zu denken vermag. Alle Eigenschaften eines Volkes spiegeln sich in seiner Sprache, sie mögen sich darin zunächst offenbart haben; zugleich aber ist, wenigstens späterhin, der Charakter der Sprache ein mächtiger

Factor für den Volkscharakter geworden: dies ist unleugbar. Poesie in unserm Sinn, namentlich Lyrik ist dem Franzosen seiner Sprache wegen gar nicht möglich oder gar nicht verständlich; er hat nur Rhetorik; Poesie ohne Pomp, Prunk und theatralisches Wesen ist ihm nicht denkbar. Seine Lyrik ist pointirt, witzig oder sentimental, weinerlich. Daher besitzt er nur Chansons und ein Elsässer Schriftsteller sucht ihn mit deutscher Poesie bekannt zu machen in einem Buche unter dem Titel Histoire du Lied: ein Lied in unserem Sinne kennt er nicht.

Dies ist, nach Max Müller, das natürliche Loos einer altcultivirten Schriftsprache, sie ist wie ein gefrorner Fluß, glänzend und kalt. Wenn die deutsche Sprache mehr als jede andere bis in die Gegenwart hinein Zeichnung und Farbe in den Hauptstämmen ihres Wortvorraths von uralt her bewahrt hat, wenn sie neben der wissenschaftlichen zugleich eine poetische Sprache geblieben ist, eine Ursprache, wie man sie zu Klopstocks Zeiten gern nannte: so ist dies gerade etwas Wunderbares. Und selbst der Leser, der mir mit Aufmerksamkeit gefolgt ist, ohne selbst Sprachforscher zu sein, wird mit mir die Folgerung ziehen: dies Wunder war möglich bei der Decentralisation Deutschlands, bei der Selbständigkeit seiner Stämme und ihrer Mundarten, die bis dahin noch lange nicht in die Schriftsprache aufgesogen sind, und die ihr, der Schriftsprache, immerfort als feeder, als Zuführer natürlicher Anschauung lebendig zur Seite flossen.

Man stellt damit nicht das ungebildete Individuum aus dem Volk über den gewandten und gelehrten Schriftsteller. Aber man stellt allerdings mit Recht den sprachschaffenden Volksgeist dem sprachbildenden der Literatur an die Seite; sie sind beide gleich berechtigt, weil gleich wichtig als spracherhaltend. Luther ging zu Küter (Schlachter) und Krämer, um für seine Bibelübersetzung die deutschen Namen der innern und äußern Theile und Organe der Thiere, die Würze und Specereien kennen zu lernen; Paracelsus lernte von Badern (Barbieren), Hebammen, Scharfrichtern, Köhlern die Namen der Heilpflanzen, Kräuter und Blumen, und damit einen Theil der Jahrtausende alten Volksweisheit und Erfahrung, die darin niedergelegt ist. Das Handkraut, das Knabkräutlein (Orchis) deute durch Namen wie Gestalt darauf hin, wozu es dienlich sei. Böttiger nennt Bode in Küche und Keller bewandert. Wer sollte auch die Dinge benennen und bezeichnen, als der damit umgeht? Wer hätte die Zeit und das Interesse ihnen ihre Eigenthümlichkeiten abzulauschen, als der, dessen Leben sie ausfüllen? Der Schriftsteller am wenigsten. Er kann höchstens aufnehmen, controliren und glätten, auch etwa in glücklicher Analogie nachschaffen. Und das ist schon hinreichende Arbeit und eben so nöthige. Für den Tagesgebrauch nimmt er sogar das Meiste ganz unbesehens auf, zufrieden, wenn er nur ausgesprochen bekommt, was er sagen will. Und dieses Uebel nimmt zu, je lebendiger die Literatur für den Tagesgebrauch in Zeitungen, Journalen und Unterhaltungslectüre wird. Daran erstickt — ohne große Schuld des einzelnen Schriftstellers — die Sprache, wie sie — ohne großes Verdienst des Einzelnen — im gesunden Tagesgebrauch der schlichten Mundart immer neu ersteht und gesundet. Man beachte doch, um sich hiervon zu überzeugen, jedes letzte Zeitungsblatt, das Einem in die Hand kommt. Ohne Bild kommt selbst der Penny-a-liner nicht aus. Die Sprache ist einmal durch und durch metaphorisch. Aber in Eile und Unkenntniß werden's oft Bilder, wo Kopf und Schwanz so wenig stimmen wie der vom Elephanten zu einem Hasen, und, einmal abgedruckt, leben sie fort wie die fabelhaften Abbildungen mythischer Thiere auf alten Landkarten. Da wird eine Zeit lang Alles eine brennende Frage, und bald hat ein solches Ungeheuer eine Tragweite oder es kommt zum Austrage, nimmt eine versöhnende Gestalt an oder verläuft sich im Sande, wie es oft aus sicherer Quelle verlautet! oder die brennende Frage wird gar verschleppt (wie ich eben in einer Zeitung lese). Es ist sogar ein Austrägalgericht*) in die reale Wirklichkeit getreten, in der Jetztzeit (warum nicht Gegenwart? es ist ja ein Sprachungeheuer, musikalisches Grausen zu erwecken!) freilich von geringem Belang. — Ist dies nicht täglicher Zeitungsstil? förmliche Mode? Als gehöre ein gewisser Grad von Sprachunsinn und Sprachunschönheit hinein.

---

*) Das schöne Wort ist eine Erfindung der Verfertiger der alten Bundesverfassung.   D. Red. d. Gegenwart.

Der Mann aus dem Volke bringt so etwas, sagt der Rheinländer, niemals fertig; nicht weil er mehr Sprachbildung hat, sondern im Gegentheil, weil er die Sprache nicht geschäftlich gebraucht. Er spricht in einfachen analytischen Urtheilen, um mit Kant zu reden, wo im Prädicat nur ausgesagt wird, was implicite schon im Subject liegt, oder in synthetischen Sätzen reiner Erfahrung. Daher müssen beide ihm von selbst stimmen, Gewalt übt er nicht. Damit trifft er von Natur den Kern der dichterischen Diction, die gerade darin ihre Vollendung hat. „Füllest wieder Busch und Thal", singt Goethe vom Monde, „hell mit Silberglanz". Die Wahl des Verbums macht den großen Poeten. Man schaut's, als gösse der Mond das Licht aus. Das verbindende Mittel ist eben im Worte die sinnliche Nebenbedeutung, das Bild in demselben. Sobald dies verloren gegangen, ist das Verbum gleichgültig, wenn's nur richtig ist. Das aber ist Prosa und keine Poesie.

Dem Volke bleibt die Anschauung nicht wegen einer Tugend, sondern ganz von selbst, eben weil es anschaut. Sie bleibt ihm um so sicherer, weil jeder Bruchtheil vom Volke nur in seinem Anschauungskreise lebt, dort aber freilich mit Lust und Lebensfreude. Wer hätte sie denn erfinden können, z. B. all' die lustigen Beobachtungen von Meister Reinecke, wie der Jäger und der Landbauer, wenn er im dramatischen Sprichworte von ihm berichtet:

Kumt da keen, so will ik of teen, sä de Voß, do slog he mit den Steert ann Bernbom. Se is mi to krumm, sä de Voß, do hung de Wurst ann Balken. Nu much ik doch weten, wo de Weg hinföhrt, sä de Voß, do keek he in en Muslock. Dat is man en Aewertog, sä de Voß, do trock man em dat Fell aewer de Ohrn. Nix vaer ungut, sä de Voß, do beet he de Goos den Kopp af. Goden Tag all, sä de Voß, do keek he in en Goosstaben. It heff en Snaev (Snuppen), sä de Voß, do frag de Löw em, wa he rüf. Fangst du Bewerken (Frostschütteln, als wär's eine Art Fische), sä de Voß to 'n Wulf, do weer den de Swanz ant Is fast fraren. Wonu hennt, sä de Voß, do seet he inne Fall.

Ein zusammenhängendes Kunstwerk, wie den Reinecke Fuchs, macht natürlich aus solchen Beobachtungen nur ein Dichter. Aber die Situation, und was noch wichtiger, der Ton dieses berühmten humoristischen Gedichts liegt in jedem dieser Sprichwörter deutlich ausgeprägt vor. Den Verfasser kennt man auch nicht.

Schlimmer als die falsche Phrase ist die leere. Jene lebt meistens nicht lange und wird von einer gesunden Anschauung immer einmal wieder verdrängt. Leer, hohl wird jede Sprachformel nothwendig dadurch, daß sie oft gebraucht ist. Wie eine Münze verliert selbst das einzelne Wort, welches lange circulirt, das Gepräge. Wir rühmen uns z. B. den Franzosen gegenüber, daß wir das tiefe Wort Gemüth besitzen, das ihnen fehlt. Das Wort gemüthlich aber, das Goethe noch nur gebrauchte als Bezeichnung der Innigkeit, ist herabgesunken zur Bedeutung gemeiner Fröhlichkeit. Es war „gemüthlich", heißt es nachgerade von einer Trinkgesellschaft, in der die Bande gelockert waren.

Das Prägen wie das immer wieder nöthige Nachprägen des feinkörnigen vollwichtigen Wortes geschieht durch ein etymologisches Bewußtsein, das natürlich beim Gebildeten tiefer ausgebildet sein kann, dem deutschen Volksgeiste durch seine mundartenreiche Ursprache aber tief inne wohnt, bis dahin nicht, wie bei den romanischen Völkern, verloren gegangen ist, und das es zu üben so glücklich ist einen kleineren Gesichtskreis und vor allen Dingen mehr Zeit und Ruhe zu haben, als der Schriftsteller von Fach oder der Gelehrte, der nicht gerade Sprachforscher ist.

Der Zoologe, der Anatom weiß wohl genauer, z. B. was eine Klaue ist, aber es ist die Frage, ob er je über das Wort als solches gedacht hat. Der Bauer kennt Klön, Klönsük, Klönsul (Klauenfäule beim Schwein und beim Rindvieh), Klau (bei Katze und Vogel), Klav, Klaben (beim Holz), klöben (spalten), Kluffsag' (Säge zum Spalten), Kluff (Holz, auch eine Stelle im dicken Fleisch des Rindviehs im Bauch, gewiß mit „spalten" zusammenhängend), kluftig (scharfsinnig, haarspaltend), utkluven (aussinnen), Klappholt (gespaltenes Eichenholz), klaffen (offen stehen), Klewer (gespaltenes Blatt), Klaben (gespaltenes oder gebogenes Holz um den Nacken des Viehs), Kluver (Springstock, unten mit einer Klaue), Klüwer (am Schiffe, der den Wind spaltet), Klaben (Brot in Form eines Hufeisens, in Bremen und den Hansestädten), Kolben (mit versetztem lo) — oder den größten Theil dieser Wörter aus täglicher Anschauung der Dinge und ihrer Aehnlichkeit, und es ist gar kein Wunder, wenn er den etymologischen Zusammenhang ahnt oder deutlich weiß. Er braucht ihn keineswegs so deutlich zu wissen, daß er es aussprechen oder sich darüber Rechenschaft geben kann: das dunkle Sprachgefühl leitet ihn im Gebrauch sicher genug, um stets nur anschauungsrichtige Sätze damit zu bilden.

Man glaube nicht, daß viel Nachdenken dazu gehört: die Sachen drängen sich auf, zu oft, zu deutlich, als daß nicht die Neigung für solche Betrachtungen entstehen sollte, selbst schon in Kindern. Wenn sie twee hören, Twischens und Drischens (die Zweie und Dreie bei Karten), Tweschens (Zwillinge), Twisselt (Doppel= nuß), tweefach, tweefarrig (Zwitter), Twiesel, Twieg, Twel, twelen (sich spalten, z. B. vom Wege), Twilg, Tilg (Zweig), twintig twins (zweimal), twölf, twischen, tweern (langsam reden), Tweern (Zwirn), twillen (doppelt machen), bet an de Twillen (so hoch als die Beine des Menschen), tweetüchti (vom Korn), entwei, Twenter, (ein zweijähriges Vieh), tweedrachdig (uneinig), Tweeback — und diese alle hört und sieht das Kind auf dem Lande täglich — so ist es eher ein Wunder, wenn es nicht auf deren etymologischen Zu= sammenhang aufmerksam wird. Der gebildete Leser mag aber schon aus ein paar solchen Beispielen sehen, wie wenig er davon weiß, weil er sich mit ganz andern Dingen beschäftigt und zugleich wie viel in der Mundart steckt, was die Schriftsprache nicht aufsaugt, das aber, verloren gegangen, ein verlorener Schatz wäre.

Daß das Volk oft falsch etymologisirt, ist kein Beweis gegen diese Behauptung, im Gegentheil beweist es eben die Neigung dafür. Es erklärt z. B. Klev (Abhang) aus kleben, während es von Clivis stammt, es hat Apeldaer (häufiger Dorfname) mit offener Thür er= klärt, während es Appeldorn (Eberesche) bedeutet, es macht aus Havekhorst (Habichtsnest) durch nachlässige Aussprache Havekost und denkt dabei an Hafer und Kost. Der Romane, scheint es, etymolo= gisirt gar nicht oder nicht mehr, schon Cicero ist berüchtigt durch sein lucus a non lucendo und Voltaire durch sein freches Wort: die Etymologie sei diejenige Sprachwissenschaft, in der die Vocale gar nichts und die Consonanten möglichst wenig bedeuten.

Die Verschiedenheit und lautliche Entfernung der Mundart

von der Schriftsprache reizt dabei die Aufmerksamkeit und stärkt die dunkle Sprachempfindung im Volksbewußtsein. Es hört nicht leicht auch nur einen Theil der angeführten Beispiele in beiden Sprachen, ohne davon die übrigen und ähnliche nach Analogie in die Schriftsprache zu übersetzen und aus Tid Zeit, aus Tähn Zahn u. s. f. zu machen. Der populär gewordene Witz des Füsiliers Kutschke: „Was krauft dort in dem Busch herum" beruht auf diesem Vorgange lautlicher Uebertragung vom Verbum krupen in kraufen wie lopen in laufen, ein Vorgang, der sich alljährlich in jeder Elementarschule zu hunderten von Malen wiederholt.

So übt schon der Knabe das Grimm'sche Gesetz der Lautverschiebung, das ja allerdings seine Väter erfunden, lange bevor der berühmte Grammatiker es gefunden.

Es ist eine bekannte Thatsache, die sich nach dem Grimm'schen Gesetze in den Worten aussprechen läßt: das Plattdeutsche ist auf einer älteren Lautstufe stehen geblieben. Es ist nichts desto weniger eine der wunderbarsten Erscheinungen in der an Wundern so reichen Geschichte der Sprachen, eine Erscheinung, die weder nach ihren Ursachen noch nach ihrer Wirkung bis dahin wirklich erkannt ist. Denn es ist kein fremdes, sondern dasselbe Volk, dessen Eine Hälfte seinen ganzen Wortvorrath gleichsam umknetet, während die andere Hälfte ihn in alter Form conservirt, oder, wie schon der gelehrte Micraelius im 17. Jahrhundert sagt: daß die andern Sachsenleute unsere männliche attisirende Tausprache (τsprache) in die sigmatisirende (σsprache) verwandelt haben.

Erkannt war die Thatsache also schon damals, und wie man sieht, von den Freunden der plattdeutschen Sprache benutzt, ihr Lob zu singen. So sagt Lauremberg:

Unse Sprak blifft alltid bestendig un fest,
As je eersten was eben so is se of lest (letzt),
Juwe (die hochdeutsche) verändert sik alle söfdig Jahr,
Dat können de Schriften bewiesen klar.

So bunt is je un so vernaten,
As wenn se in en nie Form weer gaten.
Man de Sprak in ganz Neder-Sayenland
Blifft unverrückt un hefft Bestand.

Ob die Beständigkeit der Sprache unbedingt eine Tugend derselben bedeute, ob die ältere Lautstufe die vollkommnere, was wohl möglich, da durch das Sigmatisiren, wie Micraelius es bezeichnet, wenigstens die Zischlaute stark vermehrt sind: das wollen wir hier nicht weiter erwägen. Jedenfalls ist es Thatsache, daß für uns die gegenwärtige deutsche Sprache gleichzeitig mit ihrer Vergangenheit existirt. Die deutsche Schriftsprache ist in dem einzigen, sonderbaren, glücklichen Falle, daß ihr die ältere Schwester, die hinter Topf und Pflug daheim geblieben, die nicht mitwirkt um den Preis in der Wissenschaft und auf der Rednerbühne, ihr im Hauskleide zur Seite wandelt, ein Bild ihrer selbst aus früheren einfacheren Zuständen, eine stille Mahnerin, wenn sie sich auf dem Welttheater einmal verstiegen, sich mit leerem Putz und Prunk behangen. Wer seine Kindheit und Jugend hindurch die alte Mundart gesprochen hat, der wird sich etwas von ihrer Schlichtheit auch im hochdeutschen Schriftgebrauch bewahren, zu leeren Phrasen wird er sich nicht leicht versteigen; Schriftsteller von dieser Herkunft, wie E. M. Arndt, Jahn, Dahlmann, Niebuhr pflegen immer einmal wieder ein zeichnendes Wort in seiner sinnlichen poetischen Urbedeutung aufzufassen und damit die Schriftsprache neu zu beleben.

Wir Norddeutsche sind also in dem sonderbaren glücklichen Falle, lebendig um uns und in uns zu tragen, was andere Völker sich durch Studium, durch Aufwand von Zeit und Anstrengung, durch einen Apparat von Büchern und Wörterverzeichnissen erwerben müssen. Der Franzose bedarf Provençalisch und Latein, Keltisch und Deutsch, um seine Muttersprache gründlich zu kennen, der Engländer fast dasselbe. Uns legt es ein günstiges Geschick in die Wiege, gibt es uns fertig als lieblichen Klang von den Lippen der Mutter, als fröhlichen Laut bei unsern Knabenspielen in Ohr und Gedächtniß. Wir tragen Lexikon und Grammatik des älteren Deutsch auf's bequemste bereit zum Nachschlagen in immer wacher Erinnerung, der Kleier und Drescher oft so gut wie der Gelehrte. Was mich von jeher Wunder genommen, das ist, daß unsere Volksschule diesen ihr angeborenen Vortheil nicht wahrgenommen. Wo in aller Welt wird ihr dieses tiefste aller Bildungsmittel geboten? Wo in aller Welt hat sie etwas von Natur Gegebenes, das sie auf eine ähnliche Stufe stellt mit den fremde Sprachen lehrenden Gymnasien? Wenn aller Unterricht an der Sprache und nur an ihr Gedeihen hat, wenn fremde Sprachen nur darum formell bildend so tief eingreifen, daß sie das Sprachbewußtsein überhaupt beleben: hier liegt das Gold vor der Thür. Die Pädagogen sollten es prägen, statt dessen werfen es die meisten wie es scheint verächtlich zur Seite, es ist ihnen unbequem.

Doch vielleicht thu' ich ihnen Unrecht. Es ist vielleicht zu schwer, aus der alten Bahn, wo die Volksschule geradezu zerstörend auf die Muttersprache feindselig losarbeitete, einzulenken. Vielleicht ist es schwer, den Weg neu zu finden. Schulmänner von Ruf, wie Burchwardt, Dücker u. A. haben schon seit 12 bis 15 Jahren versucht, in Lesebüchern und Schulgrammatiken den Weg einzuschlagen. Bis in die Fibeln und Lesetabellen hinein sind plattdeutsche Silben und Wörter gedrungen. Besprechungen in hiesigen Schulblättern haben stattgefunden, vielleicht auch auf Lehrerconferenzen, wie die Muttersprache zu nutzen sei, wie man von ihr aus, nach dem Grundsatze: vom Bekannten zum Unbekannten zur Schriftsprache übergehen solle und der Zerstörung der heimischen Sprache durch die Schule Einhalt thun könne. Vielleicht wird im stillen Wirkungskreise unserer eifrigen Lehrer schon mehr geübt als nach außen hin laut wird.

Gewichtige Stimmen, wie die unseres gelehrten Prof. Hildebrandt, des Fortsetzers vom Grimm'schen deutschen Wörterbuch und des Schweizers Mörikofer haben sich im Allgemeinen dahin ausgesprochen, daß man überall die Mundart in Schulen nicht stören, sondern nutzen solle. Für's Plattdeutsche gilt dies im verstärktesten Maße. Leider habe ich noch nicht bemerkt, daß unsere Schullehrer-Seminare sich mit der Sache befaßt haben.

Die neuplattdeutsche Literatur.

Dem Leser, der so viel Interesse an der Sache gehabt, mir bis dahin zu folgen, wird nun unser Standpunkt, Zweck und Ziel der Neuplattdeutschen klar sein. Wir wollen nichts weiter als die Mundart erhalten. Nur Unwissenheit und Eitelkeit sind ihre wie unsere Feinde. Dahlmann sagt in seinem Vorbericht zur Herausgabe der Chronik des Landes Ditmarschen von Johann Adolfi, genannt Neocorus, schon 1827: "Eine Bemerkung liegt mir persönlich nahe, der ich oft mit Verwunderung gefragt worden bin, warum ich dieses schätzbare Werk eben in der plattdeutschen Sprache, die aber die sächsische ist, nicht im gewohnten Hochdeutsch herausgäbe? Darum, weil in Ländern sächsischer Art die Sachsensprache Jedem unentbehrlich ist, der Geschichte und Recht aus den Quellen schöpfen will; diese reden sächsisch oder ein von sächsischer Mundart durchdrungenes Latein. Das Vornehmthun gegen unsere sächsische Sprache hat unserer vaterländischen Geschichte nur Fehler die Fülle und überhaupt ein untüchtiges Verfahren eingebracht. Wer sich rühmt, es in der Bildung nun so weit gebracht zu haben, daß er die Sprache unsers Bauernstandes nicht mehr versteht, läßt das künftig wohl, wenn er bedenkt, daß er sich eben dadurch für unfähig erklärt, irgend einen Punkt älterer vaterländischer Angelegenheiten gehörig aus dem Grunde zu begreifen. Was du heute mit eklem Unbedacht verwirfst, wird dein Enkel als gelehrte Sprache wieder lernen, weil er sie nicht missen kann. Wohlfeiler wäre es, in der Uebung zu bleiben. Darum soll das Werk der Reformation nicht rückwärts gehen, das werthe Eintrachtsgeschenk, welches sie dem zerrissenen Deutschland durch Einführung einer allgemeinen deutschen Schriftsprache gemacht hat, nicht verworfen werden; allein als Denkmal und Quelle der Vorzeit, als ein Quell reicher Verjüngung selbst für die Schriftsprache, müssen die Stammsprachen in Ehren bleiben."

Es würde aber nicht bloß die historische Wissenschaft und die Gesammtsprache, sondern auch das Volk selbst schädigen, wenn es seine Stammsprache aufgäbe, und es würde keinen Gewinn dafür eintauschen. Man glaube doch ja nicht, man schlösse dem gemeinen Manne damit die hochdeutsche Literatur auf, daß er täglich schlechtes Hochdeutsch hört und spricht. Zu Schiller, Goethe, Kant und Hegel ist ein ganz anderer Schlüssel nöthig: allgemeine Bildung. Hingegen ist der sittliche Nachtheil nicht hoch genug anzuschlagen, der entsteht, wenn das Volk seine altgewohnte Muttersprache anfängt zu vernachlässigen und zu verachten, wenn die jüngere Generation anfängt, im modernen Aufputz sigmatisirender Aussprache den Eltern in der Cultur voranzumarschiren und sich ihrer „ungebildeten Alten" zu schämen.

Aber kann man denn diese „Cultur" aufhalten? Man könnte gewiß, wenn Schule und Kirche, d. h. wenn Lehrer und Prediger und alle wirklich Gebildeten sich einig wären in dem Gedanken und Streben, daß, wie Dahlmann sagt, die Stammsprachen in Ehren gehalten werden müssen, in dem Gedanken, daß es ein reiner Verlust, ja ein großer, ohne allen Gewinn sei, wenn man seine Kinder und Dienstboten nicht in der Mundart sprechen läßt und mit ihnen, wie z. B. der berühmte Bürgermeister Smidt in Bremen, selbst in der Mundart verkehrt, wo nicht Gegenstand oder Umstände die Buchsprache verlangen. Man hielt früher dafür, und mit Recht, daß selbst die Aussprache des Hochdeutschen später dadurch verschönert würde. J. C. Adelung, der Leipziger hochdeutsche Grammatiker, der Erbe der Anschauungen über die rechte Reinigkeit und Würde des Schriftdeutschen, die seit Opitz, Buchner, Morhof, Schottel, Gottsched herrschten und noch zu Lessings Zeit, wie Böttigers Urtheil über Bodes Uebersetzungen beweist, nicht überwunden waren, ja eigentlich jetzt noch fortdauern als Hauptregel deutscher Sprache, Adelung fühlt sich zu folgendem Ausspruche gedrungen: „Das Plattdeutsche ist unter allen deutschen Mundarten in der Wahl und Aussprache der Töne die wohlklingendste, gefälligste und angenehmste, eine Feindin aller hauchenden und zischenden, und der meisten blasenden Laute, und des unnützen Aufwandes eines vollen, mit vielen hochtönenden Lauten wenig sagenden Mundes, aber dagegen reich an einer kernhaften Kürze, an treffenden Ausdrücken und naiven Bildern. Der Ausländer, dem die vielen Hauch-, Blase- und Zischlaute des Oberdeutschen ein Aergerniß sind, lernt das Niederdeutsche am leichtesten, sowie der Niedersachse wegen seines feinen Gehörs und wegen der Feinheit und Biegsamkeit seiner Sprachwerkzeuge jede fremde Sprache weit eher und vollkommener sprechen lernt, als sein schwerfälliger südlicher Bruder."

Und Goethe selber sagt nicht weniger, wenn er sich äußert: „Zu einem liebevollen Studium der Sprache scheint der Niederdeutsche den eigentlichsten Anlaß zu finden. Von Allem, was undeutsch ist abgesondert, hört er nur um sich her ein sanftes, behagliches Urdeutsch, und seine Nachbarn reden ähnliche Sprachen. Ja, wenn er an's Meer tritt, wenn Schiffer des Auslandes ankommen, tönen ihm die Grundsylben seiner Mundart entgegen, und so empfängt er manches Eigne, das er selbst schon aufgegeben, von fremden Lippen zurück, und gewöhnt sich deshalb mehr als der Oberdeutsche, der an Volksstämme ganz verschiedenen Ursprungs angränzt, im Leben selbst auf die Abstammung der Worte zu merken."

Sollte nicht der gebildete Leser, der blos diese drei Zeugnisse höchster Autorität und größter Unparteilichkeit liest, sich zweimal besinnen, ehe er alle die Vortheile seinen Kindern raubt, die ihnen Amme und Kutscher, Köchin und Gärtner, Spielkameraden und Handwerker zutragen, wenn er blos darauf hält, daß deren Werk nicht aus lächerlicher Eitelkeit gestört werde? Sollte er sich nicht bedenken, ob er nicht morgen anfangen will, mit jedem Eingebornen in der Mundart zu verkehren, wie er es kann, wenn er nicht selbst vornehm thut, weil er sonst sich der Sünde theilhaftig macht, ein uraltes Erbtheil zu zerstören, nachfolgend blinder Unwissenheit, das, wenn es zerstört ist, einmal in späteren Zeiten den wissenden Enkel zum Wehrufe über die Vorfahren aufregen wird, daß sie nicht bewahrt, was ihnen als Goldklumpen vor der Thür lag?

Ich glaube es fast. Warum könnte es nicht einmal Mode werden? Zumal jetzt, wo vielleicht das Französischparliren etwas wieder aus der Mode kommen wird. Es wäre schon eine vernünftige

Mode, jedem Kinde eine gute Vorübung für Englisch, Holländisch und Dänisch. Schon habe ich einige Familienkreise in den Hansestädten bemerkt, in denen man es wieder angefangen mit den Kindern bis zum Schulalter und etwas darüber hinaus und mit den Dienstboten nur plattdeutsch zu sprechen, theils um zu hindern, daß die Kinder sich von den Dienstboten nicht schlechtes Hochdeutsch aneignen. Und wer in diese Kreise geblickt hat, der wird immer eine eigene Art von Behagen und Freude empfunden haben, theils an dem drolligen Kindergespräch, das so vertraut und bequem lautet, an dem man nicht immer Casusböcke und Conjugationsfehler zu corrigiren braucht. Das Kind erscheint viel mehr kindlich, weniger steif. Denn das Plattdeutsche ist ja eine wahrhafte Kindersprache. Außerdem aber ist auch die ethische Wirkung nicht unbedeutend. Die Dienstboten fühlen sich mit gehoben, der ganze Ton des Hauses stimmt sich vertraulicher im besten Sinne des Worts. Warum sollte dies sich nicht ausbreiten können, wenn nur mehr Denkende den Anfang gemacht?

Ende der Mundarten.

Aber, das Plattdeutsche ist im Aussterben, hör' ich von allen Seiten, Gelehrte und Beobachter stimmen darin überein. „Ünnergahn deit se", schreibt mir ein nicht unbedeutender plattdeutscher Schriftsteller, der Jever Kalendermann, „ünnergahn deit se, min leve Herr, wi holt se nich op." Dasselbe sagt mein gelehrter Freund Max Müller im letzten Bande seiner Essays (Chips from a German workshop v. III. Essays on Litterature etc. London 1870) in einem Artikel über die Sprache und Poesie in Schleswig-Holstein. „Min lewe Landesspraf, gode Nacht" überschreibt wehmüthig mein alter Freund und Landsmann Claus Harms einen Artikel in seinem Gnomon 1842. Jacob Grimm prophezeit allen Stammsprachen den Tod. Wie sie aus der Einheit entsprungen, so ziele alles wieder in die Einheit der Gesammtsprache zurück. — Aber dasselbe sagte Adelung schon hundert Jahre früher in seiner Schrift über deutsche Mundarten, und wiederum hundert Jahre vor Adelung klagen Lauremberg und seine Genossen über dieselbe Vernachlässigung und Verachtung ihrer Muttersprache und sehen trauernd ihrem Untergange entgegen. Das hat also schon zwei Jahrhunderte gewährt, und noch ist's nicht eingetroffen. Das Sterben scheint langsam zu gehen. Wir haben also vielleicht nochmals wieder eine Galgenfrist von ein paar Jahrhunderten. Und wer weiß, was sich in der Zeit ändern kann? Denn offenbar ist ein Umschlag zur Besserung im Zustande der Stammsprachen überhaupt, des Plattdeutschen im Besondern eingetreten. Die schlimmste Zeit war in den vierziger Jahren, in denen Harms seinen wehmüthigen Ausruf, Wienbarg seine lächerliche Broschüre für Ausrottung des Plattdeutschen schrieb. Ein unwissender Liberalismus, das elegante junge Deutschland voran, nivellirte mit Behagen durch bildende Gleichmacherei, und glaubte Wunder gethan zu haben für den Fortschritt und das große Deutschland, wenn er in den neuen Verfassungen der Hansestädte die plattdeutschen Bürgereide und Nachtwächterrufe in's allgemein= verständliche Schriftdeutsch übersetzte. Doch schon nach zehn Jahren schrieb Harms in neuer Hoffnung in seinem Vor= und Fürwort zu meinem Quickborn (1852): „Vielleicht bekommen die spätern Ge= schlechter noch einmal eine allgemeine plattdeutsche Schriftsprache wieder, wie frühere Geschlechter sie gehabt haben."

Wir haben seitdem, wenn auch keine allgemeine Schriftsprache, so doch neben dem neu erwachten Interesse für alle Stammsprachen eine allgemeine Schreibelust an fast allen Ecken und Enden Nieder= sachsens von Danzig bis Dünkirchen, von der russischen bis zur fran= zösischen Grenze, im geraden Gegensatz gegen frühere literarische Schweigsamkeit. Wir zählen schon plattdeutsche Bücher und Schriften nach Dutzenden und manchen guten Namen darunter. Wo kennt man nicht Fritz Reuter, in Ostfriesland Foke Hoisson Müller, in Mecklenburg John Brinckman, Hobein, Eggers, Annmariek Schulten, in Holstein Sophie Dethleſs, Johann Meyer, Boysen van Nienkarken, Ferdinand Weber, Theodor Piening, an der Ruhr neulich H. K. vam Hingberg. Ist es Schwatzhaftigkeit des Alters beim nahenden Ende? oder ist es erneute Jugendkraft? Jedenfalls ist es erneutes Interesse. Damals war, selbst in plattdeutschen Landen, sogar die Kunst des Lesens der heimischen Mundart untergegangen und jede Kunde davon, daß je= mals frühere Geschlechter diese Sprache geschrieben. Gegenwärtig würde sich bald selbst ein Hochdeutscher dieses Geständnisses schämen.

. In Berlin, der Residenz schriftdeutscher Intelligenz, hat sich schon vor Jahren ein plattdeutscher Centralverein gebildet, mit der aus= gesprochenen Tendenz, durch alle ihm zu Gebote stehenden Mittel die Heimatsprache zu erhalten. Jedes der Mitglieder wird einen Brennpunkt abgeben, wo in der Familie die Conversation platt= deutsch geführt wird, Erinnerungen erhalten, Bekanntschaft mit der Literatur gefördert wird. Im Auslande steht es in der Hinsicht besser noch als daheim. In New=York, New=Orleans, San=Fran= cisco, am Missisipi, in Jowa und Wisconsin, in den Golddistricten Californiens und Australiens, in Vandiemensland, in China, wohin die Pioniere deutschen Wesens bringen: oft, öfter sind Plattdeutsche, Holsteiner, Hanseaten voran, und cultiviren dort, jetzt gar gestützt auf die neue Literatur, die heimische Sprache mit Leidenschaft — wer weiß für welche Zukunft. Vielleicht für neues selbstständiges Leben, vielleicht zur engsten Verschmelzung mit den angelsächsischen Colonisten. Vorangewesen im amerikanischen Kampf um Freiheit gegen südliche Sklaverei sind vor allen die plattdeutschen Staaten am Mississipi. Gerade in den unheimlichsten Gegenden neuer Colonisation ist unsere Mundart ein Freibrief, wenigstens eine Legitimationskarte, die schon Manchen aus Bedrängniß oder Gefahr gerettet hat, die immer wenigstens ein Ehrenzeichen ist der Befähigung zu bester Gesellschaft oder vertraulichem Umgang. Das neue Kaiserreich, dessen Kern Norddeutschland bildet, wird dies nicht stören sondern stärken, wie schon der Krieg 1866 gethan. Aehnliche Annäherung bemerken wir, wie schon früher ausgeführt, von den Niederlanden her. Jedenfalls wird der Wahn schwinden, als störe Norddeutschland durch seinen Dialekt die Einheit des Reiches.

Außerdem hat die deutsche Wissenschaft gleichzeitig ihre mächtige Stimme erhoben und ihre unvergängliche Arbeit begonnen für die Erhaltung der Stammsprache. Zwar rühmt Adelung in jener Schrift über die deutschen Mundarten von den norddeutschen Gelehrten schon vor 90 Jahren: „So sehr nun auch die plattdeutsche Mundart von ihren stolzen Schwestern zu allen Zeiten (?) verachtet und unterdrückt worden ist, so haben doch die Niederdeutschen den Ruhm, daß sie nächst den Hochdeutschen ihre Sprache am meisten kritisch bearbeitet haben. Beweise davon sind die nützlichen Idiotica Mich. Richeys von der Hamburgischen, Joh. Christoph Strodtmanns von der Osnabrückischen und Joh. Georg Bocks von der Preußischen Mundart, vor allen aber das schöne Bremisch-Niedersächsische Wörterbuch der Bremischen deutschen Gesellschaft, welches von 1767—71 in fünf Bänden herausgekommen ist." Aber gerade auch seitdem hatte hier die Arbeit völlig aufgehört, die Zeit der größten Erniedrigung der sächsischen Stammsprache datirt von da an. Wie Herbarien absterbender Pflanzen einer reichen Landschaft, über die der ewige Winter zu ziehen im Begriff steht, kamen einem Kenner des Volks und seiner Sprache die schönen, vortrefflich gearbeiteten Wörterbücher vor, die eben genannt sind. Nie ohne Erstaunen und Belehrung, aber auch nicht ohne Trauer konnte man in ihnen blättern, die herabzusinken schienen zu bloßen Curiosen, zu todten Objecten einer späteren Wissenschaft. Wer will leugnen, daß auch sie seit 20 Jahren zu neuem Leben erwacht sind? Wir haben seitdem eine neue Reihe vortrefflicher Wörterbücher erhalten von Stüremburg in Aurich, von Danneil, von Schambach, einen sechsten Theil des Bremischen Wörterbuchs, durch Kojegarten den Anfang zu einem Seitenstück des Grimm'schen hochdeutschen Wörterbuchs, durch Schiller und Lübben den Anfang zu einem Mittelniederdeutschen Wörterbuch, in den Niederlanden durch de Vries und te Winkel wenigstens den Anfang zu einem allgemeinen Niedersächsischen. Eine eigne Monatsschrift entstand „Deutschlands Mundarten", herausgegeben von Frommann. Ein Paar unserer Germanisten ersten Ranges lieferten musterhafte lexikalische und grammatische Beiträge, so Karl Müllenhoff in seinem Glossar nebst grammatischer Einleitung zum Quickborn. Karl Weinhold hat schon eine allemannische Grammatik geliefert und eine plattdeutsche in Aussicht gestellt, eine Grammatik des mecklenburger Dialekts von Karl Nerger liegt als gekrönte Preisschrift vor. An dilettantischen plattdeutschen Sprachlehren hätten wir mehrere zu verzeichnen zum Beweise, daß das Interesse neu Wurzel gefaßt, daß ein Bedürfniß dafür eingetreten tiefer im Volk. Pädagogen sind, wie gesagt, nachgefolgt.

Und dennoch, wird jeder Beobachter sagen, hört man an immer mehr Orten immer mehr Hochdeutsch: in Wirthshäusern, am Ladentisch. „Man kann nicht in einem Omnibus fahren," klagt ein Landmann aus der Wilstermarsch in den Itzehoer Nachrichten aus verletzter Eitelkeit, denn ein anderer hatte das dort einreißende Meßing als unechten Bildungslack getadelt, „man fährt nicht in einem Omnibus ohne hochdeutsch angeredet zu werden, und wird beschämt, wenn man nicht hochdeutsch antworten kann." Daher meint er, man müsse sich zu Hause darauf mit seinen Kindern einüben. Früher übte man sich in den höheren Classen bekanntlich auf diese Weise im Französischen. Es wurde aber auch danach. Ich erwiderte ihm am selben Orte: Schlechte Musikanten würden nicht dadurch gute, daß sie oft zusammenspielten. Höchstens verdürben sie sich ihr Gehör und Gefühl. Und dahin möchte auch er es vielleicht bringen, sich später seines schlechten Hochdeutsch im Omnibus nicht mehr zu schämen. Dabei erzählte ich ihm eine Anekdote, die so spaßhaft ist, daß ich sie auch hier meinen Lesern zur Erheiterung mittheilen will. Mein verstorbener Freund, der Prof. Ferdinand Weber von Kiel, reiste einmal in den Niederlanden. Er behalf sich dort jenachdem mit seinem wenigen Französisch oder mit Hochdeutsch, bis er gelegentlich auf einem Canalschiff (einer sogenannten Treckschuit) mit dem Conducteur allein war. Er entschloß sich, mit diesem Mann aus dem Volke sein bischen erlerntes Holländisch auszutauschen, um wenigstens auf der langweiligen Fahrt einige Unterhaltung zu gewinnen. Und siehe da, es ging zu seinem Erstaunen gut, so daß er schon gleichzeitig in's Nachdenken gerieth, wie schnell das Ohr sich an fremd-verwandte Klänge gewöhne und eine Sprache lerne. Beim Abschied — am Haag — reichte er dem Mann seine Fähre und ein Trinkgeld und sagte ihm Fahrwohl. Dieser hob dankend seinen Hut und fragte Weber: Mit Verlöf, wo sünd U egentlich her? Ik? sagte Weber erstaunt. Ik bün ut Holsteen! So, antwortete der Conducteur, dat dacht if wul, dar bün if of her.

Aehnlich, tröstete ich meinen Landmann aus der Wilster, würde es ihm mit seinen Hochdeutschen im Omnibus meistens ergehen, er solle nur nachfragen: All bun't sülwige Slach, die sich blos gegenseitig aneinander üben und sich gegenseitig beschämen, statt stolz ihres Vaters Mundart zu reden.

Es ist, mit einem Wort gesagt, kein Beweis für sein Verschwinden, wenn man das Plattdeutsche an öffentlichen Orten wenig hört. Dies beweist nur, daß es immer mehr hochdeutsche Einwanderer und immer mehr Plattdeutsche gibt, die hochdeutsch sprechen können. Wie mancher Reisende mag durch die Marsch von Tondern bis Husum gereist sein, ohne je bemerkt zu haben, daß er unter Friesen verkehrte — denn jeder Friese kann zugleich noch hochdeutsch und plattdeutsch. Bis zum Verschwinden aus dem Herzen, aus dem Munde, aus dem Gedächtnisse des Volks hat es mit einer Sprache, deren Sprecher nach Millionen zählen und deren absolute Zahl sich schwerlich seit Lauremberg bedeutend vermindert hat, noch gute Weile.

Schluß.

Männlicher und weiblicher Stamm der Mundarten.

Wir haben es in unsern Aufsätzen bisher fast nur mit Vorurtheilen zu thun gehabt, grammatischen, ästhetischen, politischen, pädagogischen; sie wegräumen hieß das Urtheil des Lesers befreien, das dann einfach genug lauten würde auf unsere anfängliche Frage nach der Berechtigung und dem Gebiete der deutschen Mundarten oder, sagen wir jetzt, Stammsprachen. Laß sie reden, wird es lauten, je mehr je besser. Sie werden weder die Einheit des deutschen Reiches stören, noch den Geschmack verderben oder die Cultur hindern; im Gegentheil die Stämme einander durch ihre Sprache kennen und achten lehren, also einander nähern, das Sprachgefühl des Einzelnen schärfen und erweitern, die Cultursprache und Literatur bereichern. Spreche wem Sprache gegeben in dem deutschen Sprachenwald, und wenn's der Zwickauer ist, so wird er schon den Platz für seinen Ton finden. Denn eben sonst hört man nicht auf ihn und er verstummt von selbst. Das große öffentliche Concert deutscher Zungen wird er nicht mehr stören. Und außerdem ist für den Liebhaber in jedem Ton doch noch ein besonderer Laut werth erhorcht zu werden. Denn alles ist deutsch, alles so leicht zugänglich, mit so geringster Mühe und Anstrengung zu verstehen, daß es verlohnt dies noch einmal hier zu erwähnen, und unterdrückt zu werden verdient nur die Eitelkeit, daß irgend ein Stamm oder Stand allein die rechte deutsche Sprache inne habe.

Aber, fragt der Leser, gibt es denn keinen Unterschied zwischen roher und feiner Sprache? Gewiß, denn die Sprache ist der Spiegel des Geistes und Gemüths. Aber man kann so gut roh sein im Schriftdeutsch wie in irgend welcher Mundart Deutschlands. Roh ist z. B. die eitle Sprache, mit der gewisse Stände ihr Hochdeutsch verderben, blos um sich auszusondern, roh ist die Kunst, womit manche ihren Dialekt so verwischt haben, daß man sich vergeblich fragt, wo ihre Wiege gestanden. Roh ist die Mundart, die nachlässig und plump mit ihren Lauten umgeht, wie das die Plattdeutschen besonders an den Grenzen gegen das Oberdeutsche fast allgemein thun, während z. B. der Friese an der Westküste eine wirklich musterhafte Artikulation hat. In der Wahl der Vocabeln und Bilder weiß übrigens die Mundart so genau zwischen anständig und unsauber zu unterscheiden, wie nur die Salonssprache in ihrer Art, obgleich die Begriffe von Anstand sich nicht decken, die Mundart mehr das Zweideutige haßt, die vornehme Sprache mehr das Derbe, oft nur zu sehr auf Kosten der Kraft und Wahrheit.

Zum Schluß endlich noch ein Wort über die Entstehung der Stammsprachen, Mundarten, Dialekte im Deutschen.

Jacob Grimms Hypothese ist, wie wir gesehen, daß „alle ihre Vielheit allmählich entsteht aus ursprünglicher Einheit", also aus Einer Stammsprache. Und ist er ferner der Ansicht, daß die Mundarten ebenso allmählich wieder in der gemeinsamen Sprache der Nation verschwinden, aufgesogen werden oder aussterben. Letzteres kann erst die Zeit lehren. Allerdings sind in historischen Zeiten Mundarten verschwunden, ja Sprachen verstummt. Bekannt ist die Geschichte, die Alexander von Humboldt in seiner Reisebeschreibung erzählt und die Ernst Curtius zu einem rührenden Gedicht verarbeitet hat, von einem alten Papagei, der die letzten überlebenden Laute eines ganzen mit seiner Sprache untergegangenen Volksstammes am Orinoco — den Atures — unverstanden plapperte. Wie viele von den Tausenden von Sprachen und Dialekten uncultivirter Völker, von denen kein Laut durch Schriftzeichen je gefesselt worden, mögen schon untergegangen sein. Selbst der todten Sprachen, wie wir bezeichnend diejenigen nennen, deren lebendiger Laut nur durch Zeichen in Büchern, auf Monumenten, an Felsenwänden begraben und, wie die Hieroglyphen Egyptens und die Keilschriften Persiens, nach Jahrtausenden von Gelehrten ihrem Sinne nach mehr oder weniger, oder, wie die Stempeldrucke auf den Ziegeln der Ruinen von Babel und Niniveh, oder auf den Bauresten der

Azteken und Tolteken der neuen Welt, noch so gut wie gar nicht entziffert sind, zählen wir eine ganze Reihe. So mögen noch mehrere dem Untergange geweiht sein, Mundarten zumal. Das Friesische — um eine deutsche Mundart als Beispiel anzuführen — wurde in früheren Jahrhunderten von der Wiedeau von Tondern am Meeressaume der Westsee bis nach Dünkirchen gesprochen. Gegenwärtig sind nur noch spärliche Reste dieser schönen deutschen Stammsprache, gleichsam Sprachinseln, unterbrochen von plattdeutschen, holländischen, französischen Zwischengliedern vorhanden, und ihr Untergang scheint nahe. Die Bäder auf Helgoland, Föhr und Sylt bringen mit der Badecultur auch die deutsche Cultursprache und verdrängen das Friesische von seinem nördlichsten kleinen Gebiet zwischen der Wiedeau und der Hever, auf dem es sich bis dahin tapfer gehalten, nur Haus um Haus Platz räumend. Ein Fremder, der von Husum nach Tondern durch die Marsch reist, ahnt wohl selten, daß er hier ein Stück uralten lebendigen Alterthums in einem Sprachgebiet betreten, wenn er nicht zufällig bemerkt, daß Herr und Knecht, Vater und Sohn in Tönen mit einander verkehren, die ihm völlig fremd sind. Die Leute sprechen ebensowohl platt- oder hochdeutsch wie friesisch. Die Ostfriesen in Hannover und Oldenburg sprechen nur noch plattdeutsch. Das sogenannte ostfriesische Wörterbuch von Cirk Heinrich Stüremburg in Aurich (1857) ist nicht ein Beitrag zur friesischen, sondern zur plattdeutschen Mundart und leitet irre durch seinen Titel.

Dennoch darf man aus solchem Vorgange keine voreiligen Schlüsse über den Untergang der Mundarten ziehen. Erst wenn das Sprachgebiet einer Mundart so zerstückelt worden, daß es nur noch in kleinen Oasen existirt, verliert sich seine Widerstandskraft. Friesland von Amrum bis zu den Eilanden südlich der Zuidersee ist vom Meere verschlungen. Auf den Inseln, welche noch geblieben, wie auf den Stücken des Festlandes (de faste Wall, wie der Friese sagt), welche hinter Dünen geschützt den Sturmfluthen nicht unterlegen sind, spricht man noch die alte Stammsprache. Das allerwenigste ist von der nächsten Cultursprache — holländisch, hochdeutsch — erobert. Dies ist die Erklärung dieses sonderbaren Sprachräthsels. Die Geschichte erzählt nicht hinreichend von diesen Sturmfluthen, so viel sie auch berichtet. Es sind immer nur Einzelheiten von „Mannbrenken" (wo Menschen ertrinken). Allergrößte Naturereignisse werden in einigen Generationen vergessen, weil Jeder voraussetzt, sie seien unvergeßlich, zu groß, um des Niederschreibens zu bedürfen. Man denke nur an Herculanum, Pompeji und Stabiä. Wissen wir hier an der Ostsee doch auch nur als Sage und sozusagen sprachgeschichtlich durch den Namen, daß ein großes Land, „die Kolberger Heide", etwa zwischen Femarn und der Propstei, vom Meer verschlungen ist: Die Schiffer fahren jetzt über die „Kolberger Heide". Eine genaue Geschichte würde erzählen, daß die Friesen nicht zum Deutschen bekehrt, sondern ertrunken sind bis auf spärliche Reste, die sich dann doch noch Jahrhunderte gegen die Sprachbekehrung gewehrt.

Auch das Sprachgebiet des Plattdeutschen verengt sich. An seinem Saume hat es schon verloren. Es reichte früher am Rhein über Köln hinauf, am Harze verliert es an Gebiet. Dennoch könnte Grimm wohl recht behalten, daß es untergehen wird. Nur nicht darin, daß dann die deutsche Schriftsprache seinen Platz einnimmt. Die gewesenen Friesen haben sich nicht in Hochdeutsche verwandelt, sondern in Plattdeutsche, werden es auch so in Westfriesland nördlich der Eider. Und wo das Plattdeutsche verschwindet, wie in der Mark, nun, da entsteht ein neuer Dialekt, der dem Hochdeutschen verwandter sein mag. Aber die Zahl der Dialekte hat sich in historischen Zeiten noch immer vermehrt, nie vermindert. Es ist schlagend bewiesen durch das Schicksal der lateinischen Sprache. Gerade sie, die drüber stehende Cultursprache verschwand, sog nicht ihre Mundarten auf, sondern hinterließ wenigstens sechs sogenannte Töchter an den romanischen Sprachen. Ueber das Schicksal also der germanischen Mundarten (Stammsprachen) im Verhältniß zum Schriftdeutsch wollen wir nichts zu prophezeien wagen, sondern es der Zukunft überlassen. Das Beispiel von Köln und dem Unterrhein, von Braunschweig und dem Harz, von Berlin und der Mark zeigt uns, daß, wenn die schöne heimische Stammsprache verschwindet, ein schlechteres Patois sich einstellt, das wir dann wohl „Dialekt" nennen und ausschließen mögen von den „Mundarten", die auf mehr organischem Wege sich aus der Einheit der Ursprache verzweigt haben. Zugleich aber ist es auch, wie mir scheint, die Pflicht jedes Mannes von Einsicht, diesem Vorgange nicht gleichgültig zuzusehen, sondern sein Theil zu thun zur Erhaltung dieser berechtigtsten aller Eigenthümlichkeiten, einer ausgebildeten Stammsprache. Und wer sagt noch, wie viel die bewußte Gegenarbeit gegen das dumpfe Vorurtheil, das die Stammsprachen verschwinden macht, ausrichten kann? Ich bekenne mich gegen Buckle dreist zu der Ansicht Carlyles, daß der Einfluß bewußter tapferer Thätigkeit einzelner Männer auf das Schicksal von Völkern, also auch wohl ihrer Sprachen, von entschiedenem Einfluß ist. Um wieviel wäre vielleicht schon das Gebiet des Plattdeutschen seit 1850 zusammengeschmolzen ohne das erneute Interesse für die Sprache durch die plattdeutschen Schriftsteller?

Daß „die Mundarten sich progressiv entwickeln, daß, je mehr wir zurückblicken in die Geschichte der Sprache, desto kleiner ihre Zahl, desto unbestimmter ihre Gestaltung sei, daß alle Vielheit allmählich entsteht aus ursprünglicher Einheit", wie Grimm sagt, ist eine historische Thatsache, und um etwas Anderes war es ihm in seiner Geschichte der deutschen Sprache nicht zu thun. Es ist Thatsache, daß man Holländisch und Plattdeutsch aus dem 16. Jahrhundert nicht unterscheiden kann, daß das Friesische dem Niederdeutschen sehr nahe stand, daß Isländisch und Gothisch näher verwandt als Dänisch und Deutsch. Und so mag einmal Alles, was Ur-Arisch sprach, unter einem Dach, und was Urdeutsch sprach, in einer Truppe (Clan) versammelt gewesen sein.

Physiologisch aber ist ebenso wahr, daß einst wie noch jetzt im Grunde Jeder seine eigne Sprache spricht und es so viele Sprachen gibt wie sprechende Individuen. Die Nothwendigkeit sich verständlich zu machen, der Zwang der nächsten Umgebung bewirkt, daß jedes Kind sich die Laute einübt, welche diesem Zweck entsprechen. Wie die Familie das Individuum, so zwingt der Clan die Familie, der Stamm den Clan. Und die Stämme endlich werden zusammengehalten theils durch ihr Erbtheil an Vocabeln und Lauten, auch an besondern Eigenschaften der Hör- und Sprachorgane, wodurch gewisse Lautgruppen bequem oder unmöglich werden und durch den Zwang des Verkehrs. Je geringer der letztere, desto mehr Abweichung, desto stärkere Ausprägung der „Mundart". Die Centrifugalkraft ist also das natürliche Moment in dieser Bewegung, die

Einheit ist nicht Natur, sondern die Macht der bindenden Geselligkeit, das sittliche Moment. Das Wunder besteht nicht darin, daß es auseinandergeht in Sprachen, sondern daß es zusammenhält in der Sprache, nicht wie der Baum Zweige bekommt, sondern wie sich die Atome zu geordneten Gruppen verbinden, die uns als Zweige Eines Baumes erscheinen.

Auffallen muß es dann freilich, daß der deutsche Sprachbaum mit so sehr vielen Zweigen, ja daß mehrere Sprachen zwei Hauptstämme zeigen, die wir nach dem Griechischen als dorische und ionische Mundart, nach dem Deutschen als Platt und Hoch bezeichnen können. Woher diese Zweitheilung? Sie sind oft, besonders die letzteren, einander als männlicher und weiblicher Zweig entgegengesetzt worden. Chiträus z. B. nennt im 17. Jahrhundert das Plattdeutsche unsre männliche Tausprache (vom griechischen Namen des t) im Gegensatz zum weiblichen sigmatisirenden Hochdeutsch (mit vielen s-Lauten, wo im Plattdeutschen t). In diesem Bilde liegt vielleicht eine historische Wahrheit.

Bei uncultivirten Völkern ist es gar keine vereinzelte Thatsache, daß die Sprache der Männer sich von denen der Frauen bedeutend unterscheidet. Alexander von Humboldt erzählt von den Cariben auf den westindischen Inseln, daß die Geräthschaften zum häuslichen, Fischerei-, Jagd- und Kriegsgebrauch anders von den Weibern benannt werden als von den Männern. Dies erklärt sich nicht etwa aus dem Gebrauch des Frauenraubes aus fremden Stämmen, sondern aus der häufigen langen Abwesenheit der Männer auf fernen Zügen. Im südlichen Afrika kommt es häufig vor, daß zur Zeit des Mangels die ganze kräftige männliche Bevölkerung auszieht, Weiber, Kinder und Greise zurücklassend, erst nach Jahren wiederkehrt und nun die Sprache zu Hause bis zur Unverständlichkeit von den beweglicheren Lippen der Heimgebliebenen verändert, wiederfindet.

Aehnliche Zustände haben sich in alten Zeiten unzählige Male wiederholt. Wie viel anders sollt' es wohl zugegangen sein bei der Wanderung der alten Germanen etwa von Persien aus bis an's Ufer der Nordsee? Das Kräftigste ging voran. Die am weitesten Vordringenden bildeten das conservative Element für die heimische

Sprache. Es waren die Friesen und Niedersachsen. Daher die Spaltung des Deutschen in zwei Hauptstämme und die ältere Lautstufe, auf der sich das Plattdeutsche (Friesische) erhalten hat. Mögen wir sie noch, ohne abweisende Nebenbedeutung, als männliche und weibliche bezeichnen und ihre Vereinigung erhalten zu einer echtdeutschen einigen Sprachenfamilie.

Kiel, im Herbste 1872.